100 LÄCKRA GUMBO RECEPT

DEN BÄSTA MIXEN FÖR GUMBO

Berfin Avci

Alla rättigheter förbehållna.

varning

Informationen i den här e-boken är avsedd att fungera som en omfattande samling av strategier som författaren till den här e-boken har forskat om. Sammanfattningar, strategier, tips och tricks rekommenderas endast av författaren, och att läsa den här e-boken garanterar inte att ens resultat exakt speglar författarens resultat. Författaren till e-boken har gjort alla rimliga ansträngningar för att tillhandahålla aktuell och korrekt information till e-bokens läsare. Författaren och dess medarbetare kommer inte att hållas ansvariga för eventuella oavsiktliga fel eller utelämnanden som kan hittas. Materialet i e-boken kan innehålla information från tredje part. Tredjepartsmaterial omfattar åsikter som uttrycks av deras ägare. Som sådan tar e-bokens författare inget ansvar eller ansvar för material eller åsikter från tredje part.

E-boken är copyright © 2022 med alla rättigheter förbehållna. Det är olagligt att omdistribuera, kopiera eller skapa härledda verk från denna e-bok helt eller delvis. Inga delar av denna rapport får reproduceras eller återsändas i någon form reproduceras eller återsändas i någon form utan skriftligt uttryckt och undertecknat tillstånd från författaren.

INNEHÅLLSFÖRTECKNING

INNEHÅLLSFÖRTECKNING 3
INTRODUKTION 6
BASRECEPT 8
    1. Roux 9
    2. Skaldjur lager 11
    3. Fjäderfä Stock 13
    4. Ris 15
    5. Kreolsk krydda 17
GUMBO RECEPT 19
    6. Kyckling och räkor Gumbo 20
    7. Okra Chicken Gumbo 23
    8. Holländsk ugnsmussla gumbo 26
    9. Holländsk ugnskyckling gumbo 28
    10. Holländsk ugn anka gumbo 30
    11. Gulf Coast Gumbo 33
    12. Kyckling, räkor och Tasso Gumbo 37
    13. Kreolsk Gumbo 41
    14. Creole Seafood Gumbo 44
    15. Kyckling och Andouille Gumbo 48
    16. Räkor och Okra Gumbo 51
    17. Super Gumbo 54
    18. Cajun Hen Gumbo 58
    19. Vaktel Gumbo 61
    20. Gumbo z'Herbes 65
    21. Filé Gumbo 69
    22. Havskatt Gumbo 72
    23. Kål Gumbo 75
    24. Turkiet Gumbo 78
    25. Roux-lös Gumbo 81
    26. Anka och Andouille Gumbo 85
    27. Bräserad gås och gåslever Jambalaya 89
    28. Svart Jambalaya 92

29. Jambalaya med kyckling, räkor och korv 95
30. Languster och korv Jambalaya 98
31. Pastalaya 101
32. Slow Cooker Jambalaya 104

LAGNIAPPE 107

33. Crawfish Bisque 108
34. Languster Étouffée 112
35. languster pajer 115
36. Smutsigt ris 118
37. Ägg Sardou 121
38. Grits och Grillades 124
39. Natchitoches köttpajer 127
40. Ostronärtskocka Gumbo 130
41. Ostrondressing 133
42. Oyster Pot Pie 136
43. Ostron Rockefeller Gumbo 140
44. Redfish Court Bouillon 143
45. Röda bönor och ris 146
46. Räkor och gryn 149
47. Räkor Rémoulade 152
48. Peppargelé 155
49. Fyllda Mirlitons 157
50. Sköldpadda Gumbo 160
51. Ris och bönor med stekt ägg 164
52. Huevos Rancheros frukostgryta 167
53. Mango och bönor frukost Burrito skål 171
54. Slow Cooker fyllda paprika 174
55. Blandat Bean och Rice Dip 177
56. Pintobönor och risbollar 180
57. Friterade bönor, ris och korvbollar 183
58. Långkornigt ris och pintoböna 186
59. Limekyckling med äggstekt långkornigt ris 189
60. Långkornigt Rice Hoppin' John 193
61. Mexikanskt inspirerade Pintobönor och ris 196
62. Pintobönor och ris med koriander 199
63. Spanska Pintobönor & ris 203
64. One-Pot ris och bönor 207
65. Southern Pinto bönor och ris 210

66. Pintobönor och ris och korv ... 212
67. Gallopinto (nicaraguanskt ris och bönor) ... 215
68. Bönsås & tomater över ris ... 219
69. Cajun pinto bönor ... 223
70. Ris & bönor med ost ... 226
71. Pintobönor och saffransris ... 229
72. Taco Krydda ris med pintobönor ... 232
73. Indisk pumpa ris och bönor ... 235
74. Mexikanska Cowboybönor ... 238
75. Karibisk fest ... 241
76. Jamaican Jerk Jackfruit & Beans med ris ... 245
77. Ris Pilaf med bönor, frukter och nötter ... 248
78. Bönor och ris cha cha cha skål ... 251
79. Rovorröra med bönor ... 254
80. Ris med lamm, dill och bönor ... 257
81. Ostiga Pintobönor ... 261
82. Ris och bönor med basilikapesto ... 264
83. Flankstek med bönor och ris ... 266
84. Afrikanskt ris och bönor ... 270
85. Tumbleweed, pinto bean och rissallad ... 273
86. Pintobönor, ris och grönsakssallad ... 276
87. Edamame och Pinto bönsallad ... 279
88. Ris & bönsallad med malet crudité ... 282
89. Böna och ris Gumbo ... 285
90. Chili con Carne ... 288
91. Vegansk ris Gumbo ... 290
92. Bön- och risburritos ... 293
93. Rice and Bean Roll-Ups ... 296
94. Bakade Pinto Bean Flautas med rismjöl Tortilla ... 299
95. Enchiladas med ris och bönor med röd sås ... 303
96. Ris och bönor Quesadillas ... 306
97. Peruansk Tacu Tacu-kaka ... 309
98. Alkaliska gryta ärtor med klimpar ... 313
99. Okra Curry ... 316
100. Vegetabilisk kokos curry ... 318

SLUTSATS ... **320**

INTRODUKTION

Gumbo är essensen av kreolsk och cajunmatlagning, den obligatoriska rätten på varje restaurangmeny och hjärtat av husmanskost. Den visar upp de bästa inhemska skaldjuren samt lokala korvar, fågel, vilt och kryddor. Det har sitt ursprung i Louisiana på 1700-talet och har fått sitt namn från antingen bantuordet för okra (gombo) eller Choctaw-ordet för filé (kombo). Både okra och filé, som är malda sassafrasblad som används av indianer, fungerar som förtjockningsmedel för gumbo, tillsammans med roux, en bas av mjöl brynt i olja. Det vanligaste förtjockningsmedlet är roux, som liknar sås. I vilken utsträckning den är brynt bestämmer färgen på gumbo. Lokala kockar tar det ofta till en mörkbrun färg som ger den färdiga produkten en djup och robust smak. Traditionellt lök, selleri, och paprika (känd som treenigheten av lokal matlagning) plus vitlök fräss i rouxen, och lager tillsätts för att göra en Gumbo. Ingredienser som sträcker sig från skaldjur till fjäderfä till vilt skapar typ och smak av gumbo. Kryddor som cayennepeppar, timjan och lagerblad ändrar smaken på rätten för att behaga kocken, och gumbo serveras i skålar över ris.

De mest utmärkande stilarna av gumbo är Creole (New Orleans) och Cajun (sydvästra Louisiana). Creole använder tomater, och Cajun inte. Därför är den ena brun och den andra är rödbrun. Kreolsk gumbo tenderar att ha en tunnare bas, medan en Cajun-gumbo är hjärtigare, mörkare och ibland tjockare och är mer benägen att använda vilt som vildänder. I södra Louisiana serveras gumbos på alla bord, rika som fattiga, och på de flesta restauranger, exklusiva eller på annat sätt.

BASRECEPT

1. Roux

GÖR OM 1 KOPP

INGREDIENSER

1/2 kopp vegetabilisk olja

1/2 kopp universalmjöl

ANVISNINGAR

Värm oljan i en stor, tung gryta över hög värme; tillsätt mjölet och rör hela tiden tills blandningen börjar få färg. Sänk värmen till medel eller medel-låg och koka under konstant omrörning tills rouxen är medelbrun, eller färgen på jordnötssmör eller mjölkchoklad.

Om du föredrar en mörkare gumbo, fortsätt att bryna tills rouxen får en mörk chokladfärg. Ju mörkare roux, desto tunnare blir gumbo. Bränn inte roux, eftersom det förstör smaken av gumbo. Luktar det bränt har det kokat för länge. De flesta gumbos är goda och något tjocka när roux har färgen på mjölkchoklad.

2. Skaldjur lager

GÖR 5 KOPPAR

INGREDIENSER

1 1/2 pund skal från räkor, languster eller krabbor

ANVISNINGAR

Lägg skalen i en medelstor kastrull och täck med kallt vatten. Koka upp. Täck över, sänk värmen till medel-låg och låt sjuda i 30 minuter. Anstränga.

3. Fjäderfä Stock

GÖR 8 KOPPAR

INGREDIENSER

3 pund kyckling-, kalkon- eller ankben

1 stor lök, skalad och i fjärdedelar

2 stjälkselleri, halverade

2 morötter, i fjärdedelar

1/2 msk svartpepparkorn

2 stora vitlöksklyftor, halverade

10 koppar kallt vatten

ANVISNINGAR

Lägg alla ingredienser i en 6-liters gryta. Koka upp. Sänk värmen till medel-låg, täck grytan med locket snett och låt sjuda i 2 1/2 timme. När den är tillräckligt kall för att hantera, sila. Kyl helt och skumma fettet från toppen. Om du gör i förväg, kyl i kylen och skumma bort det fasta fettet.

4. Ris

GER 6-8 SERVERINGAR

INGREDIENSER

2 koppar vatten

2 koppar berikat långkornigt ris

1/2 tsk salt

ANVISNINGAR

Koka upp vattnet i en liten kastrull med lock. Tillsätt riset och saltet. Sänk värmen, täck och låt sjuda på lägsta värme tills vattnet absorberats, cirka 20 minuter. Ingen omrörning behövs.

5. Kreolsk krydda

GÖR 2 1/2 UNCE

INGREDIENSER

2 matskedar salt

2 tsk cayennepeppar

4 tsk nymalen svartpeppar

4 tsk vitlökspulver

4 tsk paprika, söt eller varm, eller efter smak

4 tsk sellerisalt

2 tsk chilipulver

ANVISNINGAR

Vispa ihop alla ingredienser i en medelstor skål. Förvara i en rengjord 2 1/2-ounce kryddflaska. Smaksättningen kommer att hålla sin styrka i flera månader.

GUMBO RECEPT

6. Kyckling och räkor Gumbo

SERVER 4

INGREDIENSER
2 msk rapsolja
¼ kopp universalmjöl
1 medelstor lök, tärnad
1 grön paprika, kärnad och tärnad
2 stjälkar selleri, tärnad
3 vitlöksklyftor, hackade
1 msk finhackad färsk timjan
¼ till ½ tesked cayennepeppar
½ dl torrt vitt vin
1 (14-ounce) burk utan salttillsatta tärnade tomater
2 koppar vatten
1 (10-ounce) paket fryst skivad okra
4 uns rökt andouillekorv, tärnad
1-pund medelstora räkor, skalade och deveirade
1½ pund kokt kycklingbröst, i tärningar

VÄGBESKRIVNING

Värm oljan i en stor kastrull eller holländsk ugn på medelhög värme. Tillsätt mjölet och koka under konstant vispning.

Tillsätt lök, paprika, selleri och vitlök och koka, rör om då och då, tills löken är mjuk, cirka 5 minuter.

Tillsätt timjan och cayenne och koka i 1 minut till. Rör ner vinet och låt koka upp, rör om då och då.

Tillsätt tomaterna med juice, vatten och okra och låt puttra utan lock i cirka 15 minuter. Tillsätt korven och räkorna och låt sjuda i ca 5 minuter till.

Rör ner den kokta kycklingen och fortsätt att sjuda, rör om då och då, tills kycklingen är genomvärmd och räkorna är ogenomskinlig.

7. Okra Chicken Gumbo

INGREDIENSER

- 1-pund medelstora räkor skalade
- 1/2 pund skinnfria, benfria kycklingbröst
- 1/2 koppkokosolja
- 3/4 koppmandelmjöl
- 2 dl hackad lök
- 1 dl hackad selleri
- 1 kopp hackad grön paprika
- 1 tsk malen spiskummin
- 1 msk finhackad färsk vitlök
- 1 tsk hackad färsk timjan
- 1/2 tsk röd paprika
- 6 dl kycklingbuljong
- 2 dl tärnade tomater
- 3 koppar skivad okra
- 1/2 dl hackad färsk persilja
- 2 lagerblad
- 1 tsk varm sås

VÄGBESKRIVNING

a) Stek kycklingen på hög värme tills den är brun i en stor gryta. Ta bort och ställ åt sidan. Hacka lök, selleri och grön paprika och ställ åt sidan.

b) Häll olja och mjöl i grytan. Rör om väl och bryn för att göra en roux. När roux är klar tillsätt hackade grönsaker. Fräs på låg värme i 10 minuter.

c) Tillsätt långsamt kycklingbuljong under konstant omrörning.

d) Tillsätt kyckling och alla andra ingredienser utom okra, räkor och persilja, som sparas till slutet.

e) Täck över och låt sjuda på låg nivå i en halvtimme. Ta av locket och koka i en halvtimme till, rör om då och då.

f) Tillsätt räkor, okra och persilja. Fortsätt att koka på låg värme utan lock i 15 minuter.

8. Holländsk ugnsmussla gumbo

TOTAL TILLAGNINGSTID: 36 MINUTTER
SERVNINGAR: 4
UTRUSTNING: 12-TOM NEDERLANDS UGN

INGREDIENSER
2 pounds av baby pilgrimsmusslor
3 matskedar mjöl
2 lökar, hackade
2 paprikor, hackade
1/2 dl selleri, hackad
2-pund okra, skivad
4 matskedar matolja
3 tomater, skivade
Finhackad vitlök, 2 klyftor
Nyp salt och peppar

VÄGBESKRIVNING

Gör en roux med mjöl och matolja.
Tillsätt paprika, lök och vitlök tillsammans med vatten, salt och peppar.
Tillsätt selleri, okra och tomat och koka i 30 minuter med locket på.
Tillsätt pilgrimsmusslor och låt sjuda i ytterligare 6 minuter.

9. Holländsk ugnskyckling gumbo

TOTAL TILLAGNINGSTID: 15 MINUTTER
SERVERING: 6
UTRUSTNING: 12-TOM NEDERLANDS UGN

INGREDIENSER

2 matskedar matolja
1 dl selleri, hackad
2-pund okra, skivad
Finhackad vitlök, 2 klyftor
3 tomater, skivade
2 matskedar mjöl
2 pund kycklingbröst, i tärningar
Salt och peppar
2 paprikor, hackade
2 lökar, hackade

VÄGBESKRIVNING

Gör en roux med mjöl och matolja. Koka medan du rör om tills de fått färg.
Tillsätt paprika, lök och vitlök tillsammans med vatten, salt och peppar.
Tillsätt selleri, okra och tomat.
Efter att ha lagt till kycklingen, koka i ytterligare 6 minuter.

10. Holländsk ugn anka gumbo

TOTAL TILLAGNINGSTID: 2 TIMMAR 20 MINUTTER
SERVNINGAR: 12
UTRUSTNING: 12-TOM NEDERLANDS UGN

INGREDIENSER
ANKA:
2 lagerblad
3 tsk salt
3 ankor
2 revben selleri
1 liter vatten
1 lök, i fjärdedelar
1 tsk peppar
2 morötter
GUMBO:
1 kopp olja
¼ kopp hackad persilja
1 kopp mjöl
Finhackad vitlök, 2 klyftor
½ kopp selleri, hackad
1 dl paprika, tärnad
2 koppar kokt ris
1 poäng ostron och sprit
1-pund okra, skivad
1 kopp lök, tärnad
4 msk baconfett
1 pund råa och skalade räkor

VÄGBESKRIVNING:

ANKA

Koka anka, lök, lagerblad, selleri, salt och peppar i ungefär 1 timme.

FÖR GUMBO:
Blanda mjöl och olja i en holländsk ugn.
Tillsätt vitlök, lök, selleri och grön paprika; fräs okra i baconfett i 20 minuter.
Värm upp buljongen i en Gumbo-gryta innan du tillsätter roux- och grönsaksblandningen.
Koka i 1 timme, täckt, med okra.
Tillsätt räkor, ostron och likör.

11. Gulf Coast Gumbo

GER 8 SERVERINGAR

INGREDIENSER

1 kopp vegetabilisk olja

1 1/2 koppar universalmjöl

2 1/2 dl hackad lök

1 1/2 dl hackad selleri

1 1/2 dl hackad grön paprika

3 msk hackad vitlök

1 tsk Emeril's Original Essence eller annan kreolsk smaksättning

1 1/2 tsk salt

1 tsk nymalen svartpeppar

1/2 tsk cayennepeppar

2 lagerblad

1 tsk torkad timjan

1 tsk torkad oregano

1 pund rökt korv, skuren i 1/2-tums tjocka rundlar

1 pund gumbo krabbor, halverade (se anmärkning)

10 dl räkfond eller vatten

1 pund kokta Louisiana langustsvansar, med något fett

1 pund skalade och deveined Gulf räkor

1/2 kopp hackad salladslök, plus mer för servering

1/4 kopp hackad färsk persilja, plus mer till servering

Ångat vitt ris, till servering

ANVISNINGAR

Värm en stor holländsk ugn eller tjockbottnad Gumbo-gryta över hög värme i 1 minut. Tillsätt försiktigt oljan och vispa sedan i mjölet. Sänk värmen till medelhög och rör hela tiden i mjölet, skrapa varenda bit av pannbottnen, tills rouxen är jämnt brynt och färgen på mörkt jordnötssmör, cirka 15 minuter. Om mjölet börjar färga för snabbt, sänk värmen till medel. Det är viktigt att titta på rouxen och koka försiktigt för att undvika att den bränns. När önskad färg har nåtts, tillsätt lök, selleri, paprika, vitlök, essens, salt, peppar, cayenne, lagerblad, timjan, oregano och korv. Fortsätt att koka 5-7 minuter längre, eller tills grönsakerna har mjuknat.

Tillsätt krabban och fonden i den holländska ugnen och låt koka upp. Sänk värmen till en stadig sjud och koka tills smakerna har samlats och såsen är sammetslen och slät, cirka 2 timmar, tillsätt ytterligare fond eller vatten om gumbon blir för tjock under tillagningen. Tjockleken på en gumbo är en fråga om personlig smak. Vissa gillar en mycket tjock gumbo, medan andra föredrar en tunn, buljonggumbo. Tillsätt mängden vätska efter dina önskemål.

När gumbon är smakrik och lagom tjock, rör ner languster och räkor och koka bara tills räkorna är genomstekta, 2-3 minuter längre. Rör ner salladslöken och persiljan. Smaka av och justera eventuellt kryddningen.

Servera gumbo över skålar med ångat ris med ytterligare hackad persilja och salladslök efter önskemål.

12. Kyckling, räkor och Tasso Gumbo

GER 6-8 SERVERINGAR

INGREDIENSER

4 benfria kycklinglår, skurna i 2-tums bitar med skinnet på

2 tsk kosher salt

1/2 tsk paprika

1/2 tsk nymalen svartpeppar

1 1/2 dl vegetabilisk olja

2 1/4 koppar universalmjöl, delat

1 pund tärnad tasso

1 medelstor lök, i små tärningar

2 poblano paprika, i små tärningar

1 liten jalapeño, i små tärningar

3 stjälkar selleri, tärnade

4 vitlöksklyftor, hackade

2-3 tsk koshersalt (lägg till 2, smaka av och tillsätt det andra om det behövs)

1 1/2 tsk nymalen svartpeppar

1 tsk cayennepeppar

1 tsk paprika

1 tsk torkad timjan

1 tsk filpulver

6 lagerblad

1 liter kycklingfond (eller hälften räkfond och hälften kycklingfond)

1 pund skalade Louisiana räkor

Krydda kycklingen med salt, paprika och peppar.

ANVISNINGAR

Värm oljan i en 2-liters tjockbottnad gryta till medelhög värme; oljan ska fräsa försiktigt när den är klar.

Belägg kycklingen med 1/2 kopp av mjölet och stek på båda sidor i oljan tills den är ljust gyllenbrun, ta sedan över till en pappershandduk. Det behöver inte vara genomstekt vid det här laget. Tillsätt eventuellt överflödigt mjöl från att krydda kycklingen till det återstående mjölet och tillsätt det i oljan. Rör om på medelvärme i cirka 40 minuter, eller tills rouxen blir djupt rödbrun, men inte för mörk.

När rouxen har nått rätt färg, tillsätt tasso, grönsakerna och alla kryddorna (reservera lite salt, eftersom vissa tasso är kryddigare än andra) och koka i cirka 4 minuter.

Vispa i fonden och låt sjuda, var noga med att röra om i botten av grytan när gumbon kommer att sjuda så att den inte fastnar. Sjud i ca 30 minuter medan du skummar bort allt fett som stiger upp till ytan.

Tillsätt den kokta kycklingen och räkorna vid det här laget och låt sjuda i ytterligare 45 minuter, medan du fortfarande skummar bort allt fett som flyter till toppen.

Servera omedelbart eller nästa dag med lite ångkokt ris och en sida av krämig potatissallad. Chef Link säger, "Jag gillar att doppa min potatissallad i gumbo."

13. Kreolsk Gumbo

GER 8-10 SERVER

INGREDIENSER

1/2 pund chaurice, skuren i lagom stora bitar

1/2 pund rökt korv, skuren i lagom stora bitar

1/2 pund nötkött gryta

1/2 pund kycklingmagar, hackad

1 pund gumbo krabbor

1/2 kopp vegetabilisk olja

1/2 kopp universalmjöl

2 stora lökar, hackade

3 liter vatten, eller mer efter önskemål

8 kycklingvingar, skurna i leder och spetsar kasserade

1/2 pund rökt skinka, skuren i 1/2-tums bitar

1 matsked paprika

1 tsk torkad timjan

1 tsk salt

3 vitlöksklyftor, hackade

1 pund medelstora räkor, skalade och deveirade

2 dussin shucked ostron med deras sprit

1/4 kopp hackad färsk platt bladpersilja

1 msk filpulver

Kokt långkornigt vitt ris, till servering

ANVISNINGAR

Lägg korv, nötkött, krås och krabba i en stor, tung gryta. Täck över och koka på medelvärme i 30 minuter, rör om då och då. Du behöver inte extra fett, eftersom köttet blir tillräckligt för matlagning.

Medan köttet tillagas, gör en roux: värm oljan i en stekpanna, tillsätt mjölet och rör hela tiden på medelvärme tills rouxen är slät och mörkbrun i färgen. Tillsätt löken och koka på svag värme tills den är mjuk. Töm grytans innehåll i grytan som innehåller köttet, blanda väl. Rör långsamt i vattnet och låt det koka upp. Tillsätt kycklingvingarna, skinkan, paprikan, timjan, saltet och vitlöken, rör om försiktigt och sänk värmen; täck och låt sjuda i 45 minuter. Om du föredrar en tunnare gumbo, tillsätt mer vatten nu.

Lägg till räkor och ostron och koka ytterligare några minuter - se till att räkorna bara blir rosa och ostronen krullar - mer än så, så blir de sega. Ta grytan från värmen, rör ner persilja och filpulvret och njut i skålar över hett ris.

14. Creole Seafood Gumbo

GER 6-8 SERVERINGAR

INGREDIENSER

6 medelblå krabbor eller frysta gumbo krabbor, tinade

2 1/2 pund räkor i skal med huvuden

2 dussin medelstora till stora ostron med sin sprit

1 kopp plus 1 matsked raps eller annan vegetabilisk olja, uppdelad

2 koppar skivad okra, färsk eller fryst och tinad

1 kopp universalmjöl

1 stor lök, hackad

1 knippe salladslök, hackad, vita och gröna delar separerade

1 grön paprika, hackad

2 stjälkar selleri, hackade

4 stora vitlöksklyftor, hackade

2 stora färska tomater i säsong, skalade och hackade, eller 1 (16-ounce) konserverade tärnade tomater med juice

3 lagerblad

1 tsk italiensk krydda

Salt, nymalen svartpeppar och kreolsk krydda efter smak

1/4 kopp finhackad plattbladspersilja

Kokt långkornigt vitt ris, till servering

ANVISNINGAR

Förbered krabborna enligt beskrivningen i "Förbereda krabbor", sidan 23.

Avskala, skala och devein räkorna, placera huvuden och skalen i en medelstor kastrull. Tillsätt tillräckligt med vatten för att täcka skalen med minst 2 tum och koka upp. Täck över, sänk värmen till låg och låt sjuda i 30 minuter. När den svalnat något, sila fonden i en stor måttbägare och kassera skalen.

Sila av ostronen och tillsätt spriten i räkfonden. Tillsätt tillräckligt med vatten för att göra 7 eller 8 koppar vätska vid denna tidpunkt (beroende på hur tjock du gillar din gumbo). Kontrollera ostronen för skalfragment.

Värm 1 matsked av oljan i en bred stekpanna (ej nonstick) och tillsätt okran. Stek på medelvärme, rör om då och då, tills all kladdighet försvinner, cirka 15 minuter. Avlägsna från värme.

Värm den återstående oljan i en stor, tung gryta över hög värme; tillsätt mjölet och rör hela tiden tills rouxen börjar få färg. Sänk värmen till medel eller medel-låg och koka under konstant omrörning tills roux har färgen på mörk choklad.

Tillsätt löken, de vita delarna av salladslöken, paprikan och sellerin och koka under omrörning tills den är genomskinlig.

Tillsätt vitlöken och koka ytterligare en minut. Tillsätt tomaterna och ostronluten, räkfonden och vattenkombinationen tills en något tjockare och slät konsistens uppnås.

Tillsätt okra, krabbor, lagerblad och italiensk krydda och smaka av med salt, peppar och kreolsk krydda; täck och låt sjuda i 40 minuter.

Tillsätt räkorna och låt sjuda i ytterligare 5 minuter. Tillsätt ostronen och låt sjuda tills de rullar sig, ca 3 minuter.

Stäng av värmen, ta bort lagerbladen och rör ner det mesta av salladslöken och persiljan, lämna lite till garnering. Servera i skålar över riset. Lägg i bitar av krabban i varje skål och garnera med löktoppar och persilja. Erbjud krabba eller nötkex för benen.

15. Kyckling och Andouille Gumbo

GER 6–8 SERVERINGAR

INGREDIENSER

2 pund benfria kycklinglår, skurna i lagom stora bitar, eller 1 hel kyckling, skuren i bitar

1 pund andouillekorv, skuren i lagom stora bitar

2 matskedar plus 1/2 kopp vegetabilisk olja, uppdelad

3/4 kopp universalmjöl

1 stor lök, hackad

1 knippe salladslök, hackad, vita och gröna delar separerade

1 grön paprika, hackad

2 stjälkar selleri, hackade

4 vitlöksklyftor, hackade

6 dl kycklingfond

2 lagerblad

1 tsk kreolsk krydda

Salta och nymalen svartpeppar efter smak

1/3 kopp hackad platt bladpersilja

Kokt långkornigt vitt ris, till servering

Bryn kycklingen och andouillen i en stor, tjock gryta i 2 matskedar av oljan. Ta bort köttet från grytan och ställ åt sidan.

Tillsätt den återstående oljan och mjölet i grytan och rör hela tiden på hög värme tills rouxen börjar få färg. Sänk värmen till medel eller medel-låg och koka under konstant omrörning tills roux har färgen på mörk choklad.

Tillsätt löken, de vita delarna av salladslöken, paprikan, sellerin och vitlöken och fräs på låg värme i cirka 5 minuter. Rör gradvis ner kycklingfonden. Tillsätt lagerbladen och den kreolska kryddan och smaka av med salt och peppar; täck och koka i ca 45 minuter till 1 timme.

Tillsätt salladslöken och persiljan och ta bort lagerbladen. Servera i skålar över riset med varm sås och varmt franskbröd.

16. Räkor och Okra Gumbo

GER 8 SERVERINGAR

INGREDIENSER

3 pund små till medelstora räkor i skal med huvud eller 1 1/2 pund skalade och urvattnade frysta räkor, tinade

1 pund färsk okra, skuren i 1/4-tums bitar, eller fryst skuren okra, tinad

1 matsked plus 1/2 kopp vegetabilisk olja, uppdelad

1/2 kopp universalmjöl

1 stor lök, hackad

1 knippe salladslök, hackad, vita och gröna delar separerade

1 grön paprika, hackad

2 stjälkar selleri, hackade

3 stora vitlöksklyftor, hackade

1 (14,5-ounce) burk tärnade tomater

2 liter räkfond eller vatten

1 1/2 tsk kreolsk krydda

2 lagerblad

1/2 tsk torkad timjan

1/4 kopp hackad platt bladpersilja

Kokt långkornigt vitt ris, till servering

Franskt bröd

Om du använder färska räkor, ta av huvudet, skala och avliva dem, placera skalen och huvudena i en medelstor kastrull. Tillsätt tillräckligt med vatten för att täcka skalen med minst 2 tum och koka upp. Täck över, sänk värmen till låg och låt sjuda i 30 minuter. När den svalnat något, sila fonden i en stor måttbägare och kassera skalen.

Om du använder färsk okra, värm 1 matsked av oljan i en medelstor till stor stekpanna. Koka okran på medelhög värme, rör om då och då, tills den trådiga vätskan försvinner. Avsätta.

Hetta upp den återstående oljan i en stor, tjock gryta på hög värme. Tillsätt mjölet och rör hela tiden tills rouxen börjar få färg. Sänk värmen till medel och koka under konstant omrörning tills rouxen har färgen på mjölkchoklad. Tillsätt löken och de vita delarna av salladslöken och koka under omrörning tills löken börjar karamelliseras. Tillsätt paprikan och sellerin och koka tills det vissnat. Tillsätt vitlöken och koka ytterligare en minut.

Tillsätt tomaterna och rör gradvis ner fonden eller vattnet. Tillsätt alla kryddor utom persiljan, sänk värmen till låg, täck över och låt sjuda i 30 minuter. Tillsätt räkorna och låt sjuda tills räkorna blir rosa, cirka 10 minuter. Ta av från värmen och tillsätt salladslök och persilja och ta bort lagerbladen.

Servera i skålar över hett ris med varmt franskbröd.

17. Super Gumbo

GER 10-12 SERVERINGAR

INGREDIENSER

2 pund räkor i skal med huvuden

1 pund färska eller frysta gumbokrabbor, tinade om de är frysta

6 stycken kyckling (som ben och lår)

Salt, peppar och kreolsk krydda efter smak

1 pund färsk okra, skuren i bitar, eller fryst skuren okra, tinad

1 matsked plus 1 kopp vegetabilisk olja, uppdelad

1 kopp universalmjöl

1 stor lök, hackad

1 knippe salladslök, hackad, vita och gröna delar separerade

1 grön paprika, hackad

2 stjälkar selleri, hackade

4 vitlöksklyftor, hackade

1/2 pund andouille eller annan rökt korv, skuren i fjärdedelar på längden och skivad 1/4 tum tjocka

2 färska tomater, tärnade eller 1 (14,5 ounce) burk tärnade tomater

2 msk tomatpuré

9 koppar skaldjur eller kycklingfond, eller en kombination av de två

3 lagerblad

1/2 tsk kreolsk krydda

1 tsk salt

Flera varv på en svartpepparkvarn

2 msk hackad plattbladspersilja

Kokt långkornigt vitt ris, till servering

Avskala, skala och devein räkorna, placera huvuden och skalen i en medelstor kastrull. Tillsätt tillräckligt med vatten för att täcka skalen med minst 2 tum och koka upp. Täck över, sänk värmen och låt sjuda i 30 minuter. När den svalnat något, sila fonden i en stor måttbägare och kassera skalen.

Ta bort allt annat än skalen som innehåller krabbaköttet från krabborna, låt benen sitta kvar och det gula och orangea fettet på plats. Om några delar av skalet behöver rengöras, gör det med en svamp.

Skölj och torka kycklingbitarna och strö rikligt över salt, peppar och kreolsk krydda.

Värm 1 matsked vegetabilisk olja i en medelstor stekpanna; tillsätt okran och koka på hög värme, rör om ofta, tills den börjar få lite färg. Sänk värmen till medel och fortsätt koka tills den klibbiga vätskan försvinner.

Värm 2 matskedar av den återstående oljan i en stor, tjock gryta och bryn kycklingbitarna på alla sidor. Ta bort kycklingen och ställ åt sidan.

Tillsätt den återstående oljan och mjölet i grytan och rör om på hög värme tills rouxen blir ljusbrun. Sänk värmen till medel och koka under konstant omrörning tills rouxen är mörkbrun (färgen på jordnötssmör eller något mörkare). Var försiktig så att den inte bränns.

Tillsätt löken, de vita delarna av salladslöken, paprikan och sellerin och koka under omrörning tills den är genomskinlig. Tillsätt vitlöken och koka ytterligare en minut. Tillsätt korven, tomaterna och tomatpurén och koka ytterligare 5 minuter. Rör gradvis i fonden.

Tillsätt alla kryddor utom persiljan. Koka upp och sänk sedan värmen till en sjud. Täck över och koka i cirka 1 timme och 20 minuter, rör om då och då och skumma bort fettet från toppen. Tillsätt räkor, persilja och salladslök, höj värmen och koka i flera minuter tills räkorna blir rosa. Smaka av för att justera kryddorna och ta bort lagerbladen.

Servera i skålar över det kokta riset.

18. Cajun Hen Gumbo

GER 6-8 SERVERINGAR

INGREDIENSER

1 (5 till 6 pund) höna

Salt, nymalen svartpeppar och cayennepeppar efter smak

3/4 kopp vegetabilisk olja, uppdelad

1/2 pund andouillekorv, skuren i 1/2-tums bitar

1/2 pund tasso, skuren i 1/2-tums bitar

3/4 kopp universalmjöl

2 medelstora lökar, hackade

6 salladslökar, hackade, vita och gröna delar separerade

1 grön paprika, hackad

3 stjälkar selleri, hackade

1 msk finhackad vitlök

6 1/2 dl kycklingfond eller vatten, eller en kombination av de två

3 lagerblad

Kreolsk krydda efter smak

3 msk hackad plattbladspersilja

Kokt långkornigt vitt ris, till servering

Skär hönan i bitar som du skär en kyckling. Eftersom bröstet är stort, skär det i 3 bitar. Använd ryggbenet och eventuella inälvor, utom levern. Skölj, torka och strö rikligt på alla sidor med salt och peppar.

Använd en mycket stor, tung gryta, värm 1/4 kopp av oljan och bryn hönan väl på alla sidor. Ta ut hönan ur grytan och ställ åt sidan.

Tillsätt den återstående oljan och mjölet i grytan och rör hela tiden på hög värme tills rouxen blir ljusbrun. Sänk värmen till medel och koka under konstant omrörning tills rouxen är mörkbrun (färgen på mjölkchoklad eller lite mörkare).

Sänk värmen till låg; tillsätt löken, de vita delarna av salladslöken, paprikan, sellerin och vitlöken och fräs tills den är genomskinlig. Rör gradvis i fonden och/eller vattnet. Tillsätt lagerbladen och krydda med kreolsk krydda, täck över och låt sjuda i 3 timmar, rör om då och då. När gumbon kokar, skumma fettet från ytan. Du kan skumma så mycket som 1 kopp fett.

När gumbon är kokt och hönan är mör tar du bort lagerbladen och rör ner salladslök och persilja. Servera i skålar över riset.

19. Vaktel Gumbo

GER 8 SERVERINGAR

INGREDIENSER

8 färska vaktel eller frysta, tinade

Salta och nymalen svartpeppar efter smak

1 pund boudin eller cirka 4 koppar hemmagjord jambalaya (eller använd en snabbblandning som Zatarains eller Oak Grove)

3/4 kopp vegetabilisk olja

3/4 kopp universalmjöl

1 stor lök, hackad

3 salladslökar, hackade, vita och gröna delar separerade

1 grön paprika, hackad

4 stora vitlöksklyftor, hackade

1/4 pund tasso eller andouille (eller annan rökt) korv, skuren i lagom stora bitar

2 msk tomatpuré

6 dl hemgjord eller konserverad kycklingfond

1 tsk torkad timjan

3 lagerblad

1/2 tsk kreolsk krydda

1/2 tsk sellerisalt

3 msk hackad plattbladspersilja

Skölj vaktlarna och ta bort eventuella kvarvarande fjädrar. Torka väl och smaka av med salt och peppar inifrån och ut. Om du använder boudin, ta bort den från höljena. Fyll varje vaktel med cirka 4 matskedar boudin eller jambalaya och knyt snöre runt varje vaktel bakifrån och fram, korsa benen för att hålla i fyllningen.

Värm 3 matskedar av oljan i en vid, tjock gryta och bryn vakteln försiktigt lätt på alla sidor, rör på dem så att huden inte fastnar. Ta bort vakteln från grytan och ställ åt sidan.

Tillsätt den återstående oljan och mjölet i grytan och rör hela tiden på medelhög värme tills rouxen börjar få färg. Sänk värmen till medel och koka under ständig omrörning tills roux har färgen på jordnötssmör.

Sänk värmen till låg och tillsätt löken och de vita delarna av salladslöken, karamellisera dem i cirka 5 minuter. Tillsätt paprikan och koka tills den har vissnat. Tillsätt vitlöken och koka 1 minut till. Tillsätt tomatpuré och tasso och koka några minuter till. Rör gradvis i fonden, följt av alla kryddor utom salladslöken och persiljan. Koka upp och sänk sedan värmen till medel-låg.

Lägg tillbaka vakteln i grytan, täck över och låt sjuda i 30 minuter. När det är klart, lägg i salladslöken och ta bort lagerbladen.

För att servera, lägg 1 vaktel i varje skål med gumbo och strö över persilja.

20. Gumbo z'Herbes

GER 8 SERVERINGAR

INGREDIENSER

1 litet skinkben eller 1/2 pund rökt skinktärning

1 pint shucked ostron med deras sprit

1/2 kopp vegetabilisk olja

1/2 kopp universalmjöl

1 stor lök, hackad

3 salladslökar, hackade

3 stjälkar selleri, hackade

3 vitlöksklyftor, hackade

1/2 tsk kreolsk krydda

3 lagerblad

1/2 tsk torkad timjan

1 matsked socker

2 koppar rengjorda och grovt hackade senapsgrönsaker

2 koppar rengjorda och grovt hackade kålrot

4 koppar rengjorda och grovt hackade collard greens

4 dl spenat

1 knippe plattbladig persilja

1/2 liten kål, hackad eller strimlad

2 koppar endive, riven i bitar

Salta och nymalen svartpeppar efter smak

Kokt långkornigt vitt ris, till servering

Om du använder ett skinkben, sjud det i en stor gryta i 2 liter vatten, täckt, i 2 timmar eller tills köttet håller på att falla av benet. När det är tillräckligt kallt för att hantera, ta bort köttet från benet och ställ åt sidan. Kassera benet och spara fonden (du behöver ca 7 koppar).

Sila ostronen, reservera deras sprit och kontrollera om det finns skalfragment. Du bör ha cirka 1/2 kopp sprit.

I en mycket stor, tjock gryta, kombinera olja och mjöl och rör om på hög värme tills rouxen börjar få färg. Sänk värmen till medel och koka under konstant omrörning tills roux får färgen på mjölkchoklad. Tillsätt genast löken och låt puttra tills den är karamelliserad. Tillsätt sellerin och vitlöken och låt sjuda ytterligare en minut.

Rör ner den reserverade skinkfonden, ostronluten (ca 1/2 kopp), kreolsk krydda, lagerblad, timjan, socker, reserverad skink eller skinktärning och gröna och krydda med salt och peppar. Sjud under lock i ca 1 timme. Tillsätt ostronen och koka tills de rullar sig, ca 1 minut. Smaka av och justera kryddorna. Stäng av värmen och ta bort lagerbladen.

Servera i Gumbo-skålar över riset.

21. Filé Gumbo

GER 6-8 SERVERINGAR

INGREDIENSER

2 pund räkor i skal med huvuden

1/2 kopp vegetabilisk olja eller bacondropp

1/2 kopp universalmjöl

1 lök, hackad

1 grön paprika, hackad

3 vitlöksklyftor, hackade

2 msk tomatpuré

2 lagerblad

1/2 tsk salt, eller efter smak

1/2 tsk nymalen svartpeppar, eller efter smak

1/2 tsk cayennepeppar, eller efter smak

2 msk filpulver

1 pund jumboklump av krabbkött

Kokt långkornigt vitt ris, till servering

Avskala, skala och devein räkorna, placera huvuden och skalen i en medelstor kastrull. Tillsätt tillräckligt med vatten för att täcka skalen med minst 2 tum och koka upp. Täck över, sänk värmen och låt sjuda i 30 minuter. När den svalnat något, sila fonden i en stor måttbägare och kassera skalen. Om det behövs, tillsätt tillräckligt med vatten till fonden för att göra 5 koppar vätska. Avsätta.

I en stor, tjock gryta, kombinera olja och mjöl. Rör hela tiden på hög värme tills mjölet börjar få färg. Sänk värmen till medel och rör hela tiden tills rouxen blir mörkbrun.

Tillsätt löken och paprikan och koka tills den har vissnat. Tillsätt vitlöken och koka ytterligare en minut. Rör ner tomatpurén och låt sjuda i 5 minuter, rör om då och då. Rör gradvis ner räkfonden. Tillsätt alla kryddor utom filén, täck över och låt sjuda på svag värme i 30 minuter.

Tillsätt räkorna och fortsätt koka i 3 minuter om räkorna är små eller 7 minuter om de är stora. Stäng av värmen. Om du serverar all gumbo direkt, tillsätt filén och blanda väl. (Om inte, reservera filén för att lägga till individuella skålar.) Rör försiktigt ner krabbköttet.

Servera i skålar över det varma riset. Om du inte har lagt till filén, tillsätt 1/2–3/4 tsk i varje skål, beroende på skålarnas storlek.

22. Havskatt Gumbo

GER 6-8 SERVERINGAR

INGREDIENSER

3 pund havskattnuggets, uppdelade

1/2 kopp raps eller annan vegetabilisk olja

1/2 kopp universalmjöl

1 stor lök, hackad, skal och garneringar reserverade

1 grön paprika, hackad, frön och avslag reserverade

2 stjälkar selleri, hackade

6 salladslökar, hackade, vita och gröna delar separerade

3 stora vitlöksklyftor, hackade

1 (10-ounce) burk original Ro-tel-tomater med chili

2 koppar hackade färska eller konserverade tärnade tomater

3 koppar fond

1/2 kopp vitt vin

3 lagerblad

1/2 tsk torkad timjan

1 tsk färsk citronsaft

1/2 tsk Worcestershiresås

1 1/2 tsk kreolsk krydda

Salta och nymalen peppar efter smak

2 msk hackad plattbladspersilja

Kokt långkornigt vitt ris, till servering

Skär 2 pund av havskattnuggets i 1-tums kuber och ställ åt sidan. Placera de återstående nuggets i en liten kastrull med 4 koppar vatten och avklippet från grönsakerna för att göra fond. Täck över och låt sjuda i 45 minuter. Sila av fonden i en stor måttbägare och kassera det fasta ämnet.

Hetta upp oljan i en stor, tung gryta. Tillsätt mjölet och rör hela tiden på medelvärme för att göra en medelmörk roux färgen av jordnötssmör. Tillsätt löken, de vita delarna av salladslöken, paprikan och sellerin och koka tills den vissnat. Tillsätt vitlöken och koka 1 minut till.

Tillsätt tomaterna, 3 dl fond, vinet, lagerbladen, timjan, citronsaft, Worcestershiresås och kreolsk krydda och smaka av med salt och peppar. Koka upp. Sänk värmen, täck och låt sjuda i 30 minuter, rör om då och då.

Tillsätt den tärnade havskatten och låt koka upp. Sänk värmen och låt sjuda tills fisken är genomstekt, ca 5 minuter. Ta bort lagerbladen och tillsätt persilja och salladslök. Täck över och låt gumbon vila någon timme eller så.

Värm gumbon igen och servera i skålar över riset.

23. Kål Gumbo

GER 4-6 SERVERINGAR

INGREDIENSER

1 stor kål (ca 3 pund)

4 tjocka skivor bacon

1/4 kopp vegetabilisk olja (mer eller mindre efter behov)

1/2 kopp universalmjöl

1 lök, hackad

1 grön paprika, hackad

2 stjälkar selleri, hackade

3 stora vitlöksklyftor, hackade

Salta och nymalen svartpeppar efter smak

1 tsk socker

3 lagerblad

1 tsk kreolsk krydda

8 dl vatten

1 (10-ounce) burk original Ro-tel tomater med grön chili

2 små rökta skinkhasar

Kokt långkornigt vitt ris, till servering

Skär kålen i lagom stora bitar; skölj, låt rinna av och ställ åt sidan.

Koka baconet i en stor, tjock gryta tills det är knaprigt. Ta bort baconet ur grytan och reservera. Häll försiktigt baconfettet i en stor måttbägare och tillsätt tillräckligt med olja för att göra 1/2 kopp. Häll tillbaka fettet i pannan och tillsätt mjölet; rör hela tiden på medelvärme för att göra en ljusbrun eller smörkolafärgad roux.

Tillsätt lök, paprika och selleri och fräs tills det vissnat. Tillsätt vitlöken och fräs ytterligare en minut. Rör ner resten av ingredienserna och kålen och låt koka upp. Sänk värmen, täck och låt sjuda i 1 timme, rör om då och då.

Servera i skålar över riset och toppa med smulad reserverad bacon. Servera varm sås vid sidan av.

24. Turkiet Gumbo

GER 6–8 SERVERINGAR

INGREDIENSER

1 eller flera kalkonkroppar och överbliven kalkon

1/2 kopp vegetabilisk olja

1/2 kopp universalmjöl

1 lök, hackad

1 knippe salladslök, hackad

3 stjälkar selleri, hackade

3 vitlöksklyftor, hackade

Överbliven kalkonsås (valfritt)

2 lagerblad

1/2 tsk torkad timjan

Salt, kreolsk krydda och nymalen svartpeppar efter smak

1/2 pund andouille (eller annan rökt) korv, skuren i lagom stora bitar

1 pint shucked ostron (valfritt)

3 msk hackad plattbladspersilja

Kokt långkornigt vitt ris, till servering

Ta bort allt kött från kalkonkroppen. Skär i bitar, tillsammans med överbliven kalkon. Avsätta.

Lägg kalkonbenen i en buljonggryta, täck med vatten och låt koka upp. Sänk värmen till låg, täck över och låt sjuda i 1 timme. När den är tillräckligt kall för att hantera, sila fonden i en stor måttbägare och kassera benen. Om du använder ostron, sila ner ostronluten i fonden. Om det behövs, tillsätt vatten för att göra minst 8 koppar vätska. Avsätta.

Värm oljan på medelhög värme i en stor, tung gryta. Tillsätt mjölet och rör hela tiden tills rouxen börjar få färg. Sänk värmen till medel och koka under konstant omrörning tills roux får färgen på jordnötssmör.

Tillsätt lök och selleri och låt sjuda på svag värme tills det blir genomskinligt. Tillsätt vitlöken och koka ytterligare en minut. Tillsätt 8 koppar av fonden (eller mer om du föredrar en tunnare gumbo; om du har kvar kalkonsås, tillsätt den nu).

Tillsätt alla kryddor (förutom persiljan) och korven; täck och låt sjuda i 30 minuter. Tillsätt kalkonköttet och ostron, om du använder det, och koka tills ostronen rullar sig, 1-2 minuter. Ta bort lagerbladen och justera kryddorna. Tillsätt persiljan och servera i skålar över riset.

25. Roux-lös Gumbo

GER 6-8 SERVERINGAR

INGREDIENSER

2 pund medelstora räkor i skal med huvuden eller 1 pund skalade och urvattnade frysta räkor, tinade

3 koppar skivad färsk okra eller 3 koppar fryst skuren okra, tinad

1 pund benfria kycklinglår, skurna i 1-tums bitar

Kreolsk krydda för att strö över kyckling plus 1/2 tsk

1 tesked plus 3 matskedar vegetabilisk olja

1 stor lök, hackad

1 grön paprika, hackad

1 knippe salladslök, hackad, gröna och vita delar separerade

2 stjälkar selleri, hackade

3 vitlöksklyftor, hackade

1 (15-ounce) burk krossade tomater

4 dl räkor och/eller kycklingfond

1/2 tsk salt

10 malningar på en svartpepparkvarn

1 tsk sellerisalt

1 hög matsked hackad plattbladspersilja

1 msk filpulver

Kokt långkornigt vitt ris, till servering

Om du använder färska räkor, ta bort huvuden och skalen och ta bort räkorna. Placera skalen och huvudena i en medelstor kastrull, tillsätt tillräckligt med vatten för att täcka skalen med minst 2 tum och koka upp. Täck över, sänk värmen till låg och låt sjuda i 30 minuter. När den svalnat något, sila fonden i en stor måttbägare och kassera skalen. Du behöver 4 koppar lager. Spara resten för senare användning.

Hetta upp 1 tsk av oljan i en stekpanna på medelvärme och tillsätt okran. Koka, vänd ofta, tills all slemmighet är borta från okran. Avsätta.

Strö kycklingen på alla sidor med kreolsk krydda. Hetta upp den återstående oljan i en stor, tjock gryta och bryn kycklingbitarna i 2 omgångar på alla sidor. Ta upp kycklingen på en tallrik.

Tillsätt löken, de vita delarna av salladslöken, paprikan och sellerin i grytan och fräs tills den är genomskinlig. Tillsätt vitlöken och fräs ytterligare en minut.

Lägg tillbaka kycklingen i grytan och tillsätt okra, tomater, fond, resterande kreolsk krydda, salt, peppar och sellerisalt. Täck över och låt sjuda i 30 minuter.

Tillsätt räkor, salladslök och persilja och koka 5-10 minuter längre, eller tills räkorna är precis rosa. Lägg i filén i grytan om du tänker servera all gumbo. Servera i skålar över riset. Om du inte har lagt till filén, tillsätt 1/2-3/4 tsk i varje skål.

26. Anka och Andouille Gumbo

GER 6-8 SERVERINGAR

INGREDIENSER

1 (6-pund) ankunge

2 lökar, 1 i fjärdedelar och den andra hackad

4 stjälkar selleri, 2 skurna i bitar och de andra 2 hackade

4 lagerblad, delade

Nymalen svartpeppar, efter smak

1 pund andouillekorv, skuren i lagom stora bitar

3/4 kopp vegetabilisk olja

1 kopp universalmjöl

1 knippe salladslök, hackad, vita och gröna delar separerade

1 grön paprika, hackad

4 vitlöksklyftor, hackade

1/2 tsk torkad timjan

1/2 tsk kreolsk krydda

1/4 tsk cayennepeppar

1 msk Worcestershiresås

Salt att smaka

1/2 kopp hackad platt bladpersilja

Kokt långkornigt vitt ris, till servering

Skölj ankan och ta bort eventuellt överflödigt fett. Lägg ankan i en stor gryta och täck med vatten. Tillsätt den kvartade löken, selleribitarna, 2 av lagerbladen och flera malningar på en pepparkvarn. Koka upp. Sänk värmen till låg och låt sjuda tills ankan har kokat igenom, cirka 45 minuter. Ta ut ankan från den grytan och låt vila tills den är tillräckligt kall för att hantera. Urbena ankan och skär köttet i lagom stora bitar. Ställ köttet åt sidan.

Lägg tillbaka benen i grytan och låt puttra i 1 timme. Sila av fonden i en stor skål och låt svalna. Kyl tills fettet stelnar och skumma och kassera fettet.

Bryn korven på medelhög värme i en stor stekpanna. Avsätta.

Värm oljan i en stor, tung gryta över hög värme; tillsätt mjölet och rör hela tiden tills rouxen börjar få färg. Sänk värmen till medel eller medel-låg och koka under konstant omrörning tills roux har färgen på mörk choklad.

Tillsätt den hackade löken, de vita delarna av salladslöken, sellerin och paprikan och koka under omrörning tills vissnat. Tillsätt vitlöken och koka ytterligare en minut. Rör gradvis i 6 dl av fonden. (Om du har extra fond, frys in det för en annan användning.) Tillsätt de återstående lagerbladen och timjan, kreolsk krydda, cayennepeppar och Worcestershiresås och smaka av med salt.

Tillsätt korven och ankan och låt sjuda under lock tills ankan är mjuk, ca 1 timme. Rör ner persilja och salladslök.

Servera i skålar över riset med varm sås och varmt franskbröd vid sidan av.

27. Bräserad gås och gåslever Jambalaya

GER 4-6 SERVERINGAR

INGREDIENSER

1 dl gåskött

6 uns foie gras, hackad

12 vitlöksklyftor, skalade och hackade

1 lök, medelstor tärnad

2 gröna paprikor, medelstora tärningar

6 stjälkar selleri, medelstora tärningar

2 lagerblad

1 tsk cayennepeppar

4 matskedar kosher salt, eller efter smak

1/2 kopp rött vin

2 koppar ris

4 dl fjäderfäfond

1 msk hackad färsk salvia

1 msk hackad färsk timjan

Koka gåsköttet i en medelstor stekpanna på hög värme under omrörning tills det har fått färg. Sänk värmen till låg, tillsätt en liten mängd vatten, täck ordentligt och koka tills köttet är mört, cirka 1-2 timmar.

Placera en tjockbottnad stekpanna på medelhög värme. Tillsätt foie graset i pannan och rör runt så att det smälter i 5 sekunder. Tillsätt vitlök, lök, paprika, selleri, lagerblad, cayennepeppar och salt. Virvla jämnt med en träslev i 3-5 minuter eller tills löken är genomskinlig och grönsakerna är mjuka och börjar få färg.

Tillsätt vinet och rör hela tiden för att avglasa pannan, låt vätskan avdunsta helt.

Tillsätt köttet, riset och fonden och låt jambalaya koka upp. Sänk värmen, täck pannan och koka i 10 minuter. Stäng av värmen, håll pannan täckt och fortsätt ånga tills riset är helt kokt. Fluffa riset med en gaffel och tillsätt salvia och timjan.

28. Svart Jambalaya

GER 10–12 SERVERINGAR

INGREDIENSER

1/4 kopp vegetabilisk olja

1 pund Louisiana rökt korv, såsom andouille, chaurice eller salladslök, skuren i 1/4-tums tjocka rundor

1 stor lök, tärnad

3 stjälkar selleri, tärnade

2 poblano paprika, tärnad

1/4 kopp finhackad vitlök

1/2 pund rökt fläskrumpa (se anmärkning)

1/2 pund rökta kycklinglår (se anmärkning)

1 (12-ounce) burk svartögda ärtor

4 dl fond, helst fläsk (se anmärkning)

2 msk hackad färsk oregano

2 msk hackad plattbladspersilja

2 msk hackad färsk timjan

1 matsked kosher salt

1 tsk nymalen svartpeppar

1 tsk cayennepeppar

2 koppar Uncle Bens långkorniga ris

I en stor, tung gryta, helst svart gjutjärn, värm oljan på medelvärme. Tillsätt korven och koka tills den lockar. Tillsätt lök, selleri, paprika och vitlök och fräs tills det blir genomskinligt. Tillsätt fläsket och koka i 5 minuter, rör om ofta. Tillsätt kycklingen och koka ytterligare 5 minuter. Tillsätt de svartögda ärtorna och koka ytterligare 5 minuter.

Tillsätt fond och låt koka upp. Tillsätt örter och kryddor och sedan riset och låt koka upp. Täck över och koka på låg värme tills riset är klart, ca 30 minuter.

OBS * Om du inte vill röka fläsket eller kycklingen kan du bräsera det. För att bräsera fläsket, gnid in det med salt och peppar och bryn det på alla sidor i en svart järnpanna, koka det sedan i vatten på spishällen eller i ugnen tills köttet faller från benet. Du kan sedan använda bräsvätskan till fonden. För att förbereda kycklingen, gnid in den med salt och peppar och bryn den på alla sidor över hög temperatur tills den karamelliseras och är 75 procent tillagad innan du lägger till den i lagom stora bitar till jambalayan.

29. Jambalaya med kyckling, räkor och korv

GER 6-8 SERVERINGAR

INGREDIENSER

1 kyckling, skuren i 10 bitar, dela bröstet i fjärdedelar Salt, nymalen svartpeppar och kreolsk krydda efter smak

1/4 kopp vegetabilisk olja

1 pund rökt korv, helst fläsk, skuren i 1/4-tums tjocka rundlar

1 stor lök, hackad

6 salladslökar, hackade, gröna och vita delar separerade

1 grön paprika, hackad

2 stjälkar selleri, hackade

4 vitlöksklyftor, hackade

3 dl vatten, eller mer efter behov

1/2 tsk salt

1/2 tsk nymalen svartpeppar

1 msk kreolsk krydda

1 1/2 dl långkornigt vitt ris

2 pund räkor, skalade och deveinerade, eller 1 pund medium skalade och deveirade frysta räkor, tinade

1/3 kopp finhackad italiensk plattbladpersilja

Skölj kycklingbitarna och torka dem. Krydda på alla sidor med salt, nymalen svartpeppar och kreolsk krydda. Hetta upp oljan i en stor, tung gryta. Bryn kycklingen på alla sidor när den är varm och lägg den på hushållspapper. Bryn korven och ta ur grytan.

Om det behövs, tillsätt tillräckligt med extra olja för att täcka botten av grytan. Tillsätt löken, de vita delarna av salladslöken, paprikan och sellerin och fräs tills den är genomskinlig. Tillsätt vitlöken och fräs ytterligare en minut. Tillsätt vattnet och kryddorna och låt koka upp på hög värme. Tillsätt riset, täck över och sänk värmen till låg. Sjud i 20 minuter. Rör försiktigt ner räkorna (vid det här laget bör det fortfarande finnas lite vätska i botten av grytan. Om inte, tillsätt 1/4 dl vatten för fukt medan räkorna kokar), salladslöken och persiljan och låt puttra 10 minuter till, eller tills vattnet har absorberats. Rör om försiktigt så att ingredienserna inte går sönder.

Servera varm med varmt franskbröd och sallad och Louisiana varm sås vid sidan av.

30. Languster och korv Jambalaya

GER 8-10 SERVER

INGREDIENSER

3 matskedar vegetabilisk olja

1 medelstor lök, hackad

1 knippe salladslök, hackad, vita och gröna delar separerade

1 grön paprika, hackad

2 stjälkar selleri, hackade

3 vitlöksklyftor, hackade

1 pund rökt korv, skuren i 1/4-tums tjocka rundlar

1 (14,5-ounce) burk tärnade tomater

1 msk tomatpuré

3 dl skaldjursfond, helst, eller kycklingfond eller vatten

1/2 tsk torkad timjan

1/4 tsk kreolsk krydda

1/2 tsk salt

1/2 tsk nymalen svartpeppar

1 tsk Worcestershiresås

1 1/2 dl ris

1 pund Louisiana langustsvansar med fett

2 msk hackad plattbladspersilja

Hetta upp oljan i en stor, tung gryta. Tillsätt löken, de vita delarna av salladslöken, paprikan och sellerin och fräs tills den är genomskinlig. Tillsätt vitlök och korv och fräs ytterligare ett par minuter. Tillsätt tomater, tomatpuré och fond och låt koka upp. Tillsätt kryddorna utom persiljan, sänk värmen till låg, täck över och låt sjuda i 5 minuter. Koka upp igen och tillsätt riset. Sänk värmen igen och låt sjuda under lock i 10 minuter. Tillsätt kräftorna och salladslöken och låt puttra tills vätskan har absorberats, ca 20 minuter till. Ta av från värmen och toppa med persiljan.

31. Pastalaya

GER 6-8 SERVERINGAR

INGREDIENSER

3 matskedar vegetabilisk olja såsom raps

1/2 pund rökt korv, skuren i 1/2-tums tjocka rundlar

2 benfria, skinnfria kycklingbröst, skurna i lagom stora tärningar

1 stor lök, hackad

1/2 grön paprika, hackad

2 stjälkar selleri, hackade

6 salladslökar, hackade

3 stora vitlöksklyftor, hackade

1 (14,5-ounce) burk tärnade tomater

3 dl kycklingbuljong, hemlagad eller konserverad

1/2 tsk torkad timjan

1/2 tsk kreolsk krydda

Salta och nymalen svartpeppar efter smak

12 uns spagetti eller annan pasta

Hetta upp oljan till het i en stor, tjock gryta. Bryn korven på båda sidor på hög värme och ta ur grytan. Bryn kycklingtärningarna och ta ur grytan. Sänk värmen till medelhög värme fräs löken, paprikan, sellerin och salladslöken tills de vissnat. Tillsätt vitlöken och fräs ytterligare en minut. Tillsätt tomaterna och kycklingbuljongen och lägg tillbaka korven och kycklingen i grytan. Sjud under lock i 15 minuter.

Tillsätt pastan och rör ner den i vätskan. Sjud, täckt, på medellåg värme, rör om då och då, i 15 minuter till, eller tills pastan är al dente och har absorberat det mesta av vätskan.

32. Slow Cooker Jambalaya

GER 6-8 SERVERINGAR

INGREDIENSER

1 1/2 pund benfria kycklinglår, sköljda, putsade från överflödigt fett och skurna i 1-tums kuber

3 länkar Cajun rökt korv (cirka 14 uns totalt), skuren i 1/4-tums tjocka rundlar

1 medelstor lök, hackad

1 grön paprika, hackad

1 stjälkselleri, hackad

3 vitlöksklyftor, hackade

2 msk tomatpuré

1 tsk kreolsk krydda

1 tsk salt

1/2 tsk nymalen svartpeppar

1/2 tsk Tabascosås

1/2 tsk Worcestershiresås

2 dl kycklingbuljong

1 1/2 dl långkornigt ris

2 pund medelstora räkor, skalade och devinerade (valfritt)

Lägg alla ingredienser (förutom räkorna, om de används) i en långsam spis. Rör ihop, täck över och koka på låg i 5 timmar.

Om du använder räkor, rör försiktigt i dem efter 5 timmars tillagning och koka på hög temperatur i 30 minuter till 1 timme till, eller tills räkorna är färdiga men inte överkokta.

LAGNIAPPE

33. Crawfish Bisque

GER 4 SERVERINGAR

INGREDIENSER

3 matskedar plus 1/2 kopp vegetabilisk olja, uppdelad

2 pund färska languster, uppdelade eller 2 frysta (1 pund) förpackningar, tinade, delade

1 lök, hackad och delad

1 knippe salladslök, hackad och delad

1 grön paprika, hackad och delad

3 vitlöksklyftor, hackade och delade

3/4 tsk salt, delat

3/4 tsk nymalen svartpeppar, delad

3/4 tsk kreolsk krydda, delad

2 dl ströbröd, gjorda i en matberedare av gammalt franskbröd

1 ägg, uppvispat

2/3 kopp plus 1/2 kopp universalmjöl, uppdelat

5 dl skaldjursfond eller vatten

2 msk tomatpuré

Nyp cayennepeppar, eller efter smak

2 koppar kokt långkornigt vitt ris

2 msk hackad plattbladspersilja

Värm ugnen till 350°. Spraya en stor bakplåt med nonstick-spray och ställ åt sidan.

Hetta upp 3 matskedar av oljan i en stor stekpanna och fräs hälften av löken, salladslöken, paprikan och vitlöken. Tillsätt 1 pund av langusterna och fräs i 5 minuter. Flytta blandningen till en matberedare och mal till samma konsistens som köttfärs. Överför blandningen till en skål och tillsätt 1/4 tesked av saltet, 1/4 tesked av peppar, 1/4 tesked av den kreolska kryddan, brödsmulorna och ägget och blanda väl.

Lägg 2/3 kopp av mjölet i en grund ugnsform. Rulla blandningen till 1-tums bollar. Rulla bollarna i mjölet och lägg dem på plåten. Grädda, vänd bollarna flera gånger, tills de fått lite färg överallt, cirka 35 minuter. Avsätta.

Värm den återstående oljan i en medelstor gryta på medelhög värme. Tillsätt resten av mjölet under konstant omrörning tills det får en jordnötssmörfärg. Tillsätt den återstående löken, paprikan och vitlöken och koka tills den är genomskinlig. Tillsätt buljongen eller vattnet, tomatpurén, resterande salt, peppar och creolekryddor och cayennepeppar och låt sjuda under lock i 15 minuter.

Finhacka de återstående kräftstjärtarna och lägg till bisquen och fortsätt koka i 15 minuter. För en slät bisque, mixa med en stavmixer. Tillsätt kräftskivorna och låt sjuda i ytterligare 5 minuter.

Servera i skålar över riset. Strö över persilja.

34. Languster Étouffée

GER 8–10 SERVERINGAR ELLER RÄCKLIGT FÖR MASSA PÅ EN FESTBUFFÉ

INGREDIENSER

3/4 kopp smör eller vegetabilisk olja

3/4 kopp universalmjöl

1 stor lök, hackad

1 knippe salladslök, hackad, vita och gröna delar separerade

1 grön paprika, hackad

3 stjälkar selleri, hackade.

4 stora vitlöksklyftor, hackade

3 matskedar tomatpuré

6 dl skaldjursfond eller vatten (se anmärkning)

1/2 tsk torkad timjan

3 lagerblad

1 tsk kreolsk krydda

1 tsk salt

1 msk färsk citronsaft

Cayennepeppar och nymalen svartpeppar, efter smak

2-3 pund långustsvansar med fett

3 msk hackad plattbladspersilja

Kokt långkornigt vitt ris, till servering

Smält smöret i en stor, tjock gryta eller värm oljan på medelvärme. Tillsätt mjölet och rör hela tiden. Om du använder smör, koka rouxen tills den får en blond eller gyllene färg. Om du använder olja, fortsätt att laga mat under omrörning tills rouxen är medelbrun. Tillsätt löken, de vita delarna av salladslöken, paprikan, sellerin och vitlöken och fräs under omrörning tills den är genomskinlig.

Tillsätt tomatpuré, fond eller vatten, timjan, lagerblad, kreolsk krydda, salt och citronsaft, smaka av med cayennepeppar och låt koka upp. Sänk värmen, täck och låt sjuda i 20 minuter, rör om då och då och ta bort eventuellt fett från toppen. Tillsätt languster, persilja och salladslök, låt koka upp, sänk värmen och låt sjuda i 10 minuter. Ta bort lagerbladen.

När du är redo att servera, värm försiktigt upp och servera över riset.

35. languster pajer

GÖR 5 (5-INCH) ENSKILDA PAJER

INGREDIENSER

Tillräckligt med deg för fyra 9-tums pajer (köpta i butik går bra)

2 pund långustsvansar med fett, delade

6 matskedar smör

6 matskedar universalmjöl

2 medelstora lökar, hackade

1 grön paprika, hackad

4 vitlöksklyftor, hackade

2 koppar halv och halv

4 matskedar sherry

2 matskedar färsk citronsaft

1 tsk salt

15 varv på en svartpepparkvarn

1 tsk cayennepeppar

4 msk hackad plattbladspersilja

1 äggvita, vispad

Värm ugnen till 350°.

Kavla ut pajdegen till 1/8-tums tjocklek. Du bör ha tillräckligt med deg för fem 5-tums dubbelstekta pajer. För att få rätt storlek för bottenskorpor, ställ en av formarna upp och ner på degen och skär degen 1 tum från kanten av formen. De översta skorporna ska skäras vid 5 tum för bästa passform. Lägg de nedre skalarna i pajformarna och förvara de övre skalarna kallt i kylen.

I en matberedare, hacka hälften av langustsvansarna tills de nästan är malda. Lämna de andra hela.

Smält smöret i en medelstor gryta eller stor stekpanna på medelvärme. Tillsätt mjölet och rör hela tiden tills rouxen är ljusbrun. Tillsätt löken och paprikan och fräs i ca 5 minuter. Tillsätt vitlöken och fräs ytterligare 1 minut. Tillsätt halv-och-halva, sherry, citronsaft, salt, peppar, cayennepeppar och persilja och koka i 5 minuter. Tillsätt de hackade och hela langusterna och koka ytterligare 5 minuter.

Fyll vart och ett av de förberedda pajskalen med ca 1 kopp av langustfyllningen. Täck med de översta skorporna och krympa kanterna. Skär flera skåror i den övre skorpan och pensla med äggvitan. Lägg pajerna på plåtar och grädda tills fyllningen är bubblig och skorporna är gyllenbruna, ca 1 timme.

36. Smutsigt ris

GER 8-10 SERVER

INGREDIENSER

3 koppar vatten

1 1/2 dl långkornigt vitt ris

1/4 plus 1 tsk salt, uppdelat

2 matskedar vegetabilisk olja

1 lök, hackad

6 salladslökar, hackade, vita och gröna delar separerade

1 grön paprika, hackad

2 stjälkar selleri, hackade

3 vitlöksklyftor, hackade

1 pund nötfärs

1 pund kycklinglever, hackad

1/2 tsk nymalen svartpeppar

1/2 tsk cayennepeppar

1/3 kopp hackad platt bladpersilja

Koka upp vattnet i en medelstor kastrull. Tillsätt riset och 1/4 tesked av saltet. Sänk värmen till låg, täck över och koka tills allt vatten har absorberats, cirka 20 minuter.

Värm oljan i en medelstor gryta och fräs löken, de vita delarna av salladslöken, paprikan och sellerin tills den blir genomskinlig. Tillsätt vitlöken och fräs ytterligare en minut. Tillsätt nötfärsen och bryn, rör om. Tillsätt kycklinglevrarna och fortsätt koka och rör om tills nötköttet och levern är genomstekt, cirka 10 minuter. Tillsätt peppar och cayenne, täck över och låt sjuda i 5 minuter.

Rör ner persilja och salladslök. Vänd försiktigt ner riset. Servera med Louisiana varm sås vid sidan av.

37. Ägg Sardou

GER 4 SERVERINGAR

INGREDIENSER

TILL HOLLANDAISE-SÅSEN

2 stora äggulor

1 1/2 msk färsk citronsaft

2 st osaltat smör

Salta och nymalen svartpeppar efter smak

FÖR ÄGG

2 (9-ounce) påsar färsk spenat

1 msk olivolja

1 tsk finhackad vitlök

1/3 kopp tung grädde

Salta och nymalen svartpeppar efter smak

8 nykokta eller konserverade kronärtskocksbottnar

2 matskedar vit vinäger

8 ägg

För att göra såsen, lägg äggulor och citronsaft i en mixer. Pulsera flera gånger för att blanda.

Smält smöret i en glaskanna i mikron, var försiktig så att det inte kokar. Häll gradvis smöret i äggblandningen och mixa tills en tjockare, krämig sås bildas. Krydda med salt och peppar.

För att göra äggen, förbered spenaten genom att fräsa den i olivoljan i en kastrull under omrörning, bara tills den vissnat och fortfarande är ljusgrön. Rör ner grädden, smaka av med salt och peppar och håll varmt.

Värm kronärtskocksbottnarna och håll dem varma.

Fyll en stekpanna eller en grund gryta med 2 1/2 tum vatten. Tillsätt vinägern och värm till medelvarm.

Ett i taget, knäck 4 av äggen i en liten kopp och häll dem försiktigt i vattnet. Sjud äggen tills de stiger till toppen av vätskan och vänd dem sedan med en sked. Koka tills vitan stelnat men äggulorna fortfarande är rinnande. Ta bort med en hålslev och torka av med hushållspapper. Upprepa med de återstående äggen.

Skeda en portion av spenaten på var och en av 4 tallrikar. Lägg 2 kronärtskocksbottnar på varje tallrik ovanpå spenaten och lägg ett ägg på varje kronärtskocka. Häll hollandaisesåsen över allt och servera genast.

38. Grits och Grillades

GER 6 SERVERINGAR

INGREDIENSER

1 (3-pund) rund biff av nötkött eller kalv, dunkade till cirka 1/4 tum tjock

Salta och nymalen svartpeppar efter smak

1 kopp universalmjöl

3/4 kopp vegetabilisk olja, uppdelad

1 stor lök, hackad

1 grön paprika, hackad

1 knippe salladslök, hackad, gröna och vita delar separerade

3 vitlöksklyftor, hackade

1 stor tomat, hackad

1 msk tomatpuré

1/2 kopp rött vin

3 koppar vatten

1 tsk rödvinsvinäger

1/2 tsk torkad timjan

1 msk Worcestershiresås

Salt, nymalen svartpeppar och kreolsk krydda efter smak

3 msk hackad plattbladspersilja

Gryn att servera 6, tillagade enligt förpackningens anvisningar

Skär nötköttet i ungefär 2 × 3-tums bitar. Krydda rikligt på båda sidor med salt och peppar.

Värm 1/4 kopp av oljan i en stor, tung stekpanna och lägg mjölet i en grund skål eller tallrik. Muddra varje biffbit i mjölet, skaka av överskottet och bryn på båda sidor. Överför köttet till hushållspapper.

Tillsätt den återstående oljan i stekpannan och fräs löken, de vita delarna av salladslöken, paprikan och vitlöken tills den blir genomskinlig. Tillsätt tomat, tomatpuré, vin, vatten, vinäger, timjan, worcestershiresås och kött och smaka av med salt, peppar och kreolsk krydda. Koka upp. Sänk värmen, täck och låt sjuda tills köttet är mört, ca 1 1/2 timme. Tillsätt persilja och salladslök och servera över grynen.

39. Natchitoches köttpajer

GÖR OM 24

INGREDIENSER

2 matskedar vegetabilisk olja

1 stor lök, hackad

6 salladslökar, hackade

1 grön paprika, hackad

3 vitlöksklyftor, hackade

1 pund nötfärs

1 pund malet fläsk

1 tsk kreolsk krydda

1/2 tsk salt

1/2 tsk nymalen svartpeppar

1/4 tsk cayennepeppar

1/4 kopp universalmjöl

1 paket (2 skorpor) kylda bitar

2 äggvitor, vispade

Värm oljan i en stor, tung stekpanna. Tillsätt grönsaker och fräs tills de är genomskinliga. Tillsätt köttet och koka, rör om då och då, på hög värme i några minuter. Sänk värmen och fortsätt tillaga, skär upp köttet med en sked, tills det är ordentligt brynt. Tillsätt kryddor och mjöl och fortsätt koka i 10 minuter. Ta bort från värmen. Fyllningen kan göras i förväg och kylas tills du är redo att använda den.

När du är redo att göra pajerna, värm ugnen till 350°. Spraya 2 kakark med nonstick-spray.

Lägg de kylda bitarna på en plan yta och kavla ut dem lite tunnare. Skär ut cirklar med hjälp av en medelstor kexfräs. Lägg en hög matsked av fyllningen på ena halvan av varje cirkel, lämna kanten fri. Detta blir botten av kakan. Fyll en liten skål med vatten. Doppa ett finger i vattnet och blöt kanten på den nedre halvan av degen och vik toppen för att bilda en omsättning. Försegla kanterna tillsammans med pinnarna på en gaffel och lägg pajerna cirka 1 tum från varandra på de förberedda kakplåtarna.

Pensla pajerna med äggvita och gör ett par små skåror i toppen av varje paj. Grädda tills de är gyllenbruna.

40. Ostronärtskocka Gumbo

GER 6-8 SERVERINGAR

INGREDIENSER

3 dussin shucked ostron med deras sprit, plus extra sprit, om tillgängligt

1 st smör

1/2 kopp universalmjöl

1 stor lök, hackad

6 salladslökar, hackade, vita och gröna delar separerade

2 stjälkar selleri, hackade

4 stora vitlöksklyftor, hackade

6 dl ostronsprit och skaldjursfond (eller, i en nypa, kycklingfond)

1 (14-ounce) burk kvartade kronärtskockshjärtan, avrunnen och skuren i lagom stora bitar

1/4 tsk cayennepeppar

1 tsk kreolsk krydda

1/2 tsk sellerisalt

1 tsk Worcestershiresås

Salta och nymalen svartpeppar efter smak

1 kopp halv-och-halva

2 msk hackad plattbladspersilja

Sila av ostronen och reservera spriten. Kontrollera ostronen för skalfragment och ställ åt sidan.

Smält smöret på låg värme i en tjock gryta och tillsätt mjölet under konstant omrörning tills det är tjockt och precis börjar bli brunt (en blond roux). Tillsätt löken, de vita delarna av salladslöken och sellerin och fräs tills den vissnat. Tillsätt vitlöken och fräs ytterligare en minut.

Tillsätt ostronlut, fond, kronärtskockor, cayennepeppar, kreolsk krydda, sellerisalt och Worcestershiresås och smaka av med salt och peppar (börja med bara en liten mängd salt eftersom ostron kan vara salta). Täck över och låt sjuda i 10 minuter. Tillsätt hälften och hälften, låt nästan koka upp och tillsätt ostron. Sänk värmen och låt sjuda i flera minuter eller tills ostronen krullar. Stäng av värmen och rör ner salladslök och persilja. Justera kryddorna innan servering.

41. Ostrondressing

GER 8-10 SERVER

INGREDIENSER

1 dagsgammal limpa franskbröd, rivet i lagom stora bitar

3 dussin shucked ostron, silade och sprit reserverad

Ostronsprit plus tillräckligt med kyckling- eller kalkonfond för att göra 2 koppar

1 st smör

1 lök, hackad

1 knippe salladslök, hackad

3 stjälkar selleri, hackade

3 vitlöksklyftor, hackade

3 msk hackad plattbladspersilja

1/2 tsk salt, eller efter smak

12 varv på en svartpepparkvarn

1/2 tsk cayennepeppar, eller efter smak

1 tsk malen salvia

2 ägg, vispade

Lägg brödet i en stor skål, täck med fonden och låt dra i 1 timme. Kontrollera ostronen och ta bort eventuella skalfragment.

Värm ugnen till 350°. Smält smöret i en stekpanna och fräs lök och selleri tills det blir genomskinligt. Tillsätt vitlöken och fräs ytterligare en minut. Tillsätt grönsakerna till brödet, tillsammans med persilja, kryddor och ägg. Blanda väl.

Fördela dressingen i en 11 × 13-tums ugnsform eller 2 mindre och grädda tills den är pösigt och gyllenbrun ovanpå, cirka 45 minuter.

42. Oyster Pot Pie

GER 6 SERVERINGAR

INGREDIENSER

2 dussin stora eller 3 dussin små shucked ostron, med deras sprit

1 dl skivad färsk svamp

1 msk smör

4 matskedar vegetabilisk olja

4 matskedar universalmjöl

6 salladslökar, hackade, vita och gröna delar separerade

1/2 grön paprika, hackad

1 stjälkselleri, hackad

2 stora vitlöksklyftor, hackade

1/4 kopp andouillekorv eller rökt skinka, hackad i 1/4-tums bitar

1 tsk kreolsk krydda

1 tsk Worcestershiresås

2 skvätt tabascosås

2 msk hackad plattbladspersilja

Salta och nymalen svartpeppar efter smak

2 bitar, hemgjorda eller köpta i affär, kylda

1 äggvita, vispad

Sila ostronen och häll spriten i en stor måttbägare; tillsätt tillräckligt med vatten för att göra 1 kopp. Kontrollera ostronen för skalfragment och ställ åt sidan.

Hetta upp smöret i en liten stekpanna och fräs svampen tills den är mjuk. Avsätta.

I en stor stekpanna eller medelstor gryta, värm oljan över hög värme; tillsätt mjölet och rör hela tiden tills rouxen börjar få färg. Sänk värmen till medel och koka under konstant omrörning tills rouxen har färgen på mjölkchoklad. Tillsätt löken, de vita delarna av salladslöken, paprikan och sellerin och koka tills den vissnat. Tillsätt vitlöken och koka ytterligare en minut. Tillsätt ostronsprit, korv eller skinka, kreolsk krydda, Worcestershiresås och Tabascosås. Täck över, sänk värmen till en sjud och koka i 15 minuter.

Skruva upp värmen till medelhög och tillsätt svamp och ostron. Koka tills ostronen lockar, ca 4 minuter. Stäng av värmen och rör ner salladslök och persilja. Krydda med salt och peppar. Häftigt.

Värm ugnen till 350°. Lägg en av skorporna i pajfatet. Tillsätt ostronblandningen och täck med den övre skorpan, krympa kanterna. Skär flera skåror i den övre skorpan för att släppa ut ånga och pensla skorpan med äggvitan. Grädda i 45 minuter eller tills degen fått färg.

43. Ostron Rockefeller Gumbo

GER 6 SERVERINGAR

INGREDIENSER

1 liter shucked ostron med sin sprit, eller 3 dussin ostron med 3-5 koppar sprit

1 st smör

1/2 kopp universalmjöl

1 knippe salladslök, hackad

1/2 kopp hackad grön paprika

1/2 kopp hackad selleri

1 tsk finhackad vitlök

1 (10-ounce) låda fryst hackad spenat, tinad

1/4 kopp hackad färsk söt basilika

5 dl ostronsprit och/eller skaldjursfond

2 matskedar Herbsaint eller Pernod

1/2 tsk kreolsk krydda

Tabascosås, efter smak

2 tsk Worcestershiresås

Vitpeppar, efter smak

1/2 kopp hackad platt bladpersilja

1 kopp halv-och-halva

Salt att smaka

Sila av ostronen, spara spriten. Kontrollera ostronen och släng eventuellt skal. Avsätta.

Smält smöret i en stor, tjock gryta. Tillsätt mjölet och rör hela tiden på medelvärme för att göra en blond roux. Tillsätt lök, paprika och selleri och fräs tills det blir genomskinligt. Tillsätt vitlök, spenat och basilika och fräs ytterligare en minut. Tillsätt ostronluten och/eller skaldjursfonden gradvis och rör om tills det är väl blandat. Tillsätt Herbsaint eller Pernod, kreolsk krydda, Tabascosås och Worcestershiresås och smaka av med peppar. Täck över, sänk värmen till låg och låt sjuda i 15 minuter.

Smaka av och justera kryddorna. Tillsätt salt vid denna tidpunkt, om det behövs, beroende på hur salta ostronen är. Tillsätt persiljan, halv-och-halva och ostron och låt sjuda tills ostronen rullar sig, en minut eller 2. Servera med mycket varmt franskbröd.

44. Redfish Court Bouillon

GER 4-6 SERVERINGAR

INGREDIENSER

1 (3 till 4 pund) fast, vitkött fisk som kungsfisk eller röd snapper

3 matskedar extra virgin olivolja

1 medelstor lök, hackad

3 salladslökar, hackade

1/2 grön paprika, hackad

1 stjälkselleri, hackad

3 vitlöksklyftor, hackade

1 stor tomat, hackad

1 (15-ounce) burk tomatsås

Saften av 1 citron

1 msk Worcestershiresås

1/4 kopp rött vin

1/2 tsk torkad timjan, eller 2 tsk hackad färsk

1/2 tsk torkad basilika, eller 2 tsk hackad färsk

1/2 tsk cayennepeppar

1 tsk socker

Salta och nymalen svartpeppar efter smak

2 msk hackad plattbladspersilja

Värm ugnen till 350°. Ta bort eventuella fjäll som finns kvar på fisken och skölj väl. Torka och lägg i en stor ugnsform med 2-tums sidor. Kyl tills såsen är klar.

Hetta upp oljan i en medelstor gryta och fräs lök, paprika, selleri och vitlök tills det blir genomskinligt. Tillsätt tomater, tomatsås, citronsaft, worcestershiresås, vin, timjan, basilika, cayennepeppar och socker och smaka av med salt och peppar. Koka upp, sänk värmen till låg och låt sjuda under lock i 30 minuter.

Tillsätt persiljan, smaka av och justera kryddorna.

Bred ut lite av såsen på botten av bakformen. Strö över fisken med salt och peppar överallt och lägg i pannan. Täck fisken med såsen, lägg lite i kroppshålan. Grädda utan lock i 30 minuter, eller tills fisken precis är färdig i mitten (med en kniv dras köttet på den tjockaste delen av fisken lätt bort från benet). Täck med folie och håll varmt fram till servering.

45. Röda bönor och ris

GER 8-10 SERVER

INGREDIENSER

1 pund torkade kidneybönor

2 matskedar vegetabilisk olja

1 stor lök, hackad

1 knippe salladslök, hackad, vita och gröna delar separerade

1 grön paprika, hackad

2 stjälkar selleri, hackade

4 vitlöksklyftor, hackade

6 dl vatten

3 lagerblad

1/2 tsk torkad timjan

1 tsk kreolsk krydda

1 skinkben med lite skinka på, helst, eller 2 skinkhasar eller 1/2 pund skinkbitar

Salta och nymalen svartpeppar efter smak

1 pund rökt korv, skuren i 1/2-tums tjocka rundlar

2 msk hackad plattbladspersilja, plus mer till servering

Kokt långkornigt vitt ris, till servering

Lägg bönorna i en stor kastrull, täck med vatten, lägg i blöt över natten och låt rinna av.

Värm oljan i en stor, tjock gryta och fräs löken, de vita delarna av salladslöken, paprikan, sellerin och vitlöken.

Bryn korven i en stor stekpanna. Avsätta.

Tillsätt bönorna, vattnet, lagerbladen, timjan, kreolskrydnaden och skinkan i grytan och låt koka upp. Sänk värmen, täck och låt sjuda i 2 timmar, rör om då och då, tillsätt korven 30 minuter innan tillagningen är klar.

Ta bort lagerbladen, rör ner persiljan och servera i skålar med riset. Strö över skålarna med mer persilja om så önskas.

46. Räkor och gryn

GER 6 SERVERINGAR

INGREDIENSER

3 pund stora räkor (cirka 15 till 20 till pundet), skalade och deveirade

5 matskedar smör, delat

8 salladslökar, hackade

5 stora vitlöksklyftor, hackade

Skal och saft av 1 citron

1/3 kopp torrt vitt vin

1 msk Worcestershiresås

1 tsk italiensk krydda

Nymalen svartpeppar, efter smak

1/2 tsk plus 1/4 tsk salt, uppdelat

1 tsk kreolsk krydda

2 msk hackad plattbladspersilja

1 kopp snabbgryn

4 1/4 dl vatten

1/4 kopp nyriven parmesan

Smält 4 matskedar av smöret i en stor, tung stekpanna på medelvärme. Tillsätt lök och vitlök och fräs tills det vissnat. Tillsätt räkorna och fräs under omrörning i några minuter tills de blir rosa. Tillsätt citronskal och -saft, vin, Worcestershiresås, italiensk krydda, peppar, kreolsk krydda och 1/2 tesked av saltet och låt sjuda i cirka 3 minuter. Överkoka inte räkorna. Ta av från värmen och strö över persilja.

Koka upp grynen genom att koka upp vattnet i en stor kastrull och tillsätt grynen i en jämn ström under omrörning. Tillsätt resterande salt. Täck över, sänk värmen till låg och låt sjuda i cirka 10 minuter. Ta av från värmen och rör ner parmesan och resterande smör. Servera räkorna över grynen på tallrikar eller i skålar.

47. Räkor Rémoulade

GER 6-8 SERVERINGAR

INGREDIENSER

1/2 kopp hackad salladslök

1/2 kopp hackad selleri

1/4 kopp hackad platt bladpersilja

2 vitlöksklyftor, hackade

1/2 kopp färsk pepparrot (finns i den kylda delen av livsmedelsbutiker)

1/2 kopp ketchup

3/4 kopp kreolsenap

2 msk Worcestershiresås

3 matskedar färsk citronsaft

1/8 tsk cayennepeppar

Salt, nymalen svartpeppar och cayennepeppar efter smak

3 pund stora skalade och deveinerade räkor

Strimlad sallad, ca 4 dl

I en skål, kombinera alla ingredienser utom räkor och sallad och blanda väl. Smaka av och justera kryddorna.

Lägg räkorna i en stor skål flera timmar före servering. Rör gradvis ner såsen tills konsistensen faller i smaken. Vissa kanske föredrar all dressing och andra mindre. Servera över strimlad sallad.

48. Peppargelé

GÖR 8-10 SMÅ BURKOR

INGREDIENSER

6-8 stora jalapeñopeppar, hackade, för att ge 1/2 kopp

1/3 kopp finhackad grön paprika

6 1/2 dl socker

1 1/2 dl rödvinsvinäger

1 (6-ounce) flaska Certo eller 2 (3-ounce) förpackningar

6 droppar röd eller grön matfärg

Ta bort stjälkarna och fröna från paprikan och hacka mycket fint eller bearbeta i en matberedare. Blanda alla ingredienser utom Certo i en medelstor kastrull och blanda väl. Koka upp och låt koka i 2-3 minuter, rör ofta. Ta av från värmen och rör ner Certo. Häll i steriliserade geléburkar och förslut.

Servera över färskost för bredning på kex.

49. Fyllda Mirlitons

GÖR 6–8 PORTER (1–2 MIRLITON HALVOR PER SERVING)

INGREDIENSER

6 mirlitons

7 matskedar smör, delat

1 medelstor lök, hackad

1 knippe (6–8) salladslökar, hackade, vita och gröna delar separerade

2 stjälkar selleri, hackade

4 vitlöksklyftor, hackade

1 tsk italiensk krydda

1 tsk Tabascosås

1 msk färsk citronsaft

Salta och nymalen svartpeppar efter smak

2 pund medelstora räkor, skalade och deveirade, eller 1 pund skalade frysta räkor, tinade

1 pund krabbkött

1 1/4 dl italienska brödsmulor, delade

I en stor gryta, koka mirlitons hela tills de är mjuka när de sitter fast med en gaffel, ca 1 timme. Låt rinna av och svalna.

Smält under tiden 4 matskedar av smöret i en stor stekpanna. Tillsätt löken, de vita delarna av salladslöken och sellerin och fräs tills den är genomskinlig. Tillsätt vitlöken och fräs ytterligare en minut. Tillsätt kryddorna och citronsaften och ta av från värmen.

Skär mirlitonerna på mitten på längden och ta bort fröna. Skopa ur köttet, lämna ett skal av cirka 1/4-tums tjocklek. Tillsätt mirlitonköttet i stekpannan och låt sjuda i cirka 5 minuter. Rör ner räkor och salladslök och koka under omrörning tills räkorna blir rosa. Blanda i 1/2 kopp italienskt brödsmulor och krabbakött, blanda försiktigt så att krabbköttet stannar i bitar.

Klä en smord plåt med mirlitonsnäckor. Fyll skalen med skaldjursblandningen och strö vardera med 1 matsked av resterande brödsmulor. Skär resten av smöret i små bitar och pricka toppen av mirlitonerna.

Grädda tills de är bruna ovanpå, ca 30 minuter. Eller bryn under broilern under de sista minuterna av tillagningen. Servera omedelbart.

50. Sköldpadda Gumbo

GÖR 6 PORTIONER SOM FÖRRET, 12 PORTIONER SOM FÖRRET

INGREDIENSER

2 pund benfritt sköldpaddkött, skuret i 1-tums bitar

Salta och nymalen svartpeppar efter smak

10 matskedar smör, delat

5 koppar vatten

2 medelstora lökar

2 gröna paprikor

3 stjälkar selleri

6 stora vitlöksklyftor

1/2 kopp universalmjöl

1 1/2 dl tomatsås

1 tsk kreolsk krydda

1/2 tsk torkad timjan

1/2 tsk italiensk krydda

3 lagerblad

1/2 tsk salt

1/2 tsk nymalen svartpeppar

2 msk Worcestershiresås

1/2 tsk Tabascosås

Saften av 1 citron

1/2 kopp sherry av god kvalitet, plus ytterligare för servering

4 dl hackad spenat

3 msk hackad plattbladspersilja

4 hårdkokta ägg, hackade

Strö köttet lätt med salt och peppar.

Värm 2 matskedar av smöret i en stor, tjock gryta och bryn köttet i omgångar på alla sidor, ta bort en sats till en tallrik för att bryna nästa.

Lägg tillbaka allt kött i grytan, täck med vatten och låt koka upp. Sänk värmen till låg, täck över och låt sjuda i cirka 1 timme, eller tills köttet är mjukt. Ta upp köttet på tallriken och sila och spara fonden.

När köttet är kallt nog att hantera, strimla med fingrarna och skär det i fina tärningar. Du kanske vill göra detta i matberedaren. Avsätta.

Finhacka lök, paprika, selleri och vitlök i en matberedare. Avsätta.

Skölj och torka av samma gryta som du använde för att tillaga sköldpaddsköttet. Smält resten av smöret i grytan på låg värme; tillsätt mjölet och koka, under konstant omrörning, för att göra en roux färgen av mjölkchoklad, cirka 10 minuter. Tillsätt de hackade grönsakerna och koka tills de är väldigt vissna. Tillsätt tomatsåsen och koka ca 5 minuter. Tillsätt fonden, kreolsk krydda, timjan, italiensk krydda, lagerblad, salt, peppar, worcestershiresås, tabascosås och citronsaft. Koka, täckt, på medelhög värme i 30 minuter.

Tillsätt sherry, spenat och persilja och koka ytterligare 10 minuter. Ta bort lagerbladen och rör ner äggen.

Servera i skålar och passera extra sherry.

51. Ris och bönor med stekt ägg

Portioner: 4

INGREDIENSER

3/4 kopp långkornigt vitt ris

Kosher salt

2 msk rapsolja

1 liten gul lök, skuren i små tärningar

1/2 medelstor röd paprika, kärnad och tärnad

2 stora vitlöksklyftor, hackade

1/2 tsk malen spiskummin

1/4 kopp konserverad tomatsås

15-ounce burk pintobönor, avrunna och sköljda

3 matskedar Salsa Lizano

Nymalen svartpeppar

8 stora ägg

2 msk hackad färsk koriander

VÄGBESKRIVNING

Lägg riset, en stor nypa salt och 1-1/2 koppar vatten i en 3-liters kastrull. Koka upp på medelhög värme, sänk värmen till låg, täck över och koka tills riset har absorberat vattnet och är mört ca 15 minuter. Ta av från värmen och ställ åt sidan med locket på.

Värm under tiden 1 matsked av oljan i en 4-liters kastrull på medelvärme. Tillsätt löken, paprikan, vitlöken och en nypa salt; koka, rör om då och då tills det mjuknat, ca 3 minuter. Tillsätt spiskummin och koka tills det doftar, cirka 30 sekunder. Tillsätt tomatsåsen och rör om i 1 minut.

Tillsätt bönorna och 1 dl vatten och låt sjuda tills vätskan minskar till bönornas nivå, cirka 4 minuter.

Tillsätt riset till bönorna och blanda väl. Rör ner Salsa Lizano och smaka av med salt och peppar. Hålla varm.

Värm den återstående 1 matskeden olja i en 12-tums non-stick stekpanna över medelvärme, snurra pannan för att täcka jämnt. Knäck försiktigt äggen i pannan. Krydda med salt och peppar, täck över och koka tills äggulornas kanter precis har börjat stelna, 2 till 3 minuter. Separera äggen med kanten på en spatel.

För att servera, lägg en hög sked av riset och bönorna på en tallrik och skjut 2 ägg ovanpå. Strö över koriandern.

Servera med Jícama, avokado, rädisor & apelsinsallad med koriander, eller en enkel grönsallad.

52. Huevos Rancheros frukostgryta

Portioner: 8

Preparationstid: 25 minuter

Tillagningstid: 1 timme

INGREDIENSER

1 paket pintoböna och långkornigt rismix

2 msk osaltat smör

2 matskedar vegetabilisk eller rapsolja, eller efter behov

12 majstortillas

15-ounce burk enchiladasås

½ tsk malen spiskummin

½ tsk vitlökspulver

½ tsk chilipulver

2 koppar strimlad cheddar eller mexikansk blandning ost

8 stora ägg

Kosher salt och nymalen peppar efter smak

Att tjäna:

1 kopp salsa

1 avokado, tunt skivad

½ kopp gräddfil

4 salladslökar, putsade och skivade

½ kopp korianderblad

VÄGBESKRIVNING

Värm ugnen till 425°F. Smörj en 13 x 9-tums bakform, eller spraya med non-stick matlagningsspray. Lägg bönorna och risblandningen i en medelstor kastrull med 2 ½ dl vatten och smöret.

Låt sjuda på medelhög värme, sänk sedan värmen något, täck över och låt sjuda i cirka 20 till 25 minuter tills riset är mört, se till att röra om då och då. Ta av från värmen och låt stå i 5 minuter. Ta av locket och fluffa med en gaffel och ställ åt sidan.

Medan riset och bönorna kokar förbereder du tortillorna. Lägg pappershanddukar på en arbetsyta. Värm 1 tesked av oljan i en stekpanna på medelhög värme och koka tortillorna en i taget, i cirka 1 till 2 minuter på varje sida, eller tills de är precis knapriga och bruna i fläckar.

När de tillagas, överför dem till hushållspapper. Tillsätt mer olja, 1 tsk i taget efter behov tills alla tortillas är kokta.

Kombinera enchiladasåsen med spiskummin, vitlökspulver och chilipulver. Varva hälften av tortillorna i botten av den förberedda pannan, överlappa dem för att täcka botten av pannan. Ringla över hälften av enchiladasåsen och strö sedan över hälften av osten. Fördela bön- och risblandningen över osten. Upprepa varvning av tortillas, enchiladasås och ost.

Använd en sked och fingrarna för att skapa 8 jämnt fördelade små brunnar i toppen av grytan, bryt hål genom det översta lagret av tortillas så att äggen har tillräckligt med utrymme att sjunka ner i sina fördjupningar. Använd skeden och fingrarna för att skapa dessa brunnar, vilket gör dem cirka 1 tum djupa. Knäck äggen försiktigt i brunnarna och krydda dem med salt och peppar.

Grädda tills äggvitan stelnat, men äggulorna fortfarande är lösa och rinnande ca 25 minuter.

Servera äggen med salsa, avokado, gräddfil, salladslök och korianderblad. Du kan dela allt på toppen av den bakade grytan, eller skeda ut enskilda portioner och låta alla toppa sin tallrik som de vill.

53. Mango och bönor frukost Burrito skål

Förberedelsetid: 15 minuter

Tillagningstid: 45 minuter

Portioner: 4

INGREDIENSER

1 sats långkornigt grönt ris, kokt

15-ounce burk pintobönor, sköljda och avrunna

2 mogna mango, tärnade

1 avokado, tärnad eller skivad

1 röd paprika, tärnad

1 dl majs, grillad, rå eller sauterad

½ kopp tärnad koriander

¼ kopp tärnad rödlök

1 jalapeño, skivad

Förband:

Jalapeño koriander mango

Cilantro lime

Jalapeño cashewsås

VÄGBESKRIVNING

När du är klar, dela riset mellan fyra skålar och dela sedan bönor, mango, avokado, röd paprika, majs, koriander, rödlök och jalapeñoskivor jämnt mellan skålarna.

Servera med limeklyftor.

54. Slow Cooker fyllda paprika

Total tid: 60 minuter

Portioner: 4

INGREDIENSER

2 tsk avokadoolja

1 söt lök, tärnad

2 selleri, skivad

4 vitlöksklyftor, hackade

1 msk chilipulver

2 tsk spiskummin

1 1/2 tsk torkad oregano

2 dl långkornigt vitt ris, kokt och kylt

1 kopp frysta majskärnor

1 tomat, tärnad

1 burk pintobönor, sköljda och avrunna

1 chipotlepeppar i adobo

salt-

5 paprika

1 burk enchiladasås

pepper jack ost, strimlad

VÄGBESKRIVNING

Hetta upp olja i en stor stekpanna på medelhög värme. Tillsätt löken och sellerin och koka, rör om ofta, i cirka 5 minuter. Tillsätt vitlöken och koka i 30 sekunder eller så och ta bort från värmen.

Tillsätt kryddorna och rör om väl. Tillsätt ris, bönor, majs, tomat, chipotlepeppar, 1/4 kopp enchiladasås och lökblandning i en stor skål. Rör om väl och smaka av med salt och peppar.

Skär topparna från paprikan och ta bort frön och revben. Fyll med risblandningen, packa lätt. Jag fyllde min halvvägs, lade till en liten mängd ost och fyllde sedan färdigt. Lägg inte ost på toppen än. Lägg de fyllda paprikorna i långsamkokaren.

Tillsätt cirka 1/2 tum vatten till krukan, var noga med att inte få vatten i paprikan. Koka på låg i ca 4 timmar. Ca 15 minuter innan de är färdiga lägg ett lager ost på varje paprika och låt koka klart.

Servera paprikan med resten av enchiladasåsen och extra ost om så önskas. Njut av!

55. Blandat Bean och Rice Dip

Portioner: 10 till 12

INGREDIENSER

För dippen:

15-ounce burk pintobönor, sköljda och avrunna

15-ounce burk svarta bönor, sköljda och tömda

15-ounce burk marinblå bönor, sköljda och tömda

1 kopp kokt vitt ris

1 kopp tärnad tomat

1/2 kopp tärnad lök

3 koppar riven Cheddar-Monterey Jack-blandning

2 msk fint tärnad inlagd jalapeño

1/2 tsk malen spiskummin

1/2 tsk vitlökspulver

1/8 tsk cayennepeppar

Kosher salt och nymalen peppar

För servering:

Tortillachips

Gräddfil

Salsa

VÄGBESKRIVNING

Värm ugnen till 400°.

I en stor skål, kombinera bönorna, riset, tomaten, löken, 2 koppar ost, jalapeño och kryddorna. Krydda generöst med kosher salt och peppar.

Häll i en smord 10-tums gjutjärnspanna eller rund ugnsform. Täck med aluminiumfolie och koka i 30 minuter.

Ta ut ur ugnen och ta av aluminiumfolien. Strö resterande 1 kopp ost över toppen och fortsätt att grädda tills osten har smält, ca 5 - 10 minuter till.

Servera varm med tortillachips, gräddfil och salsa.

56. Pintobönor och risbollar

Portioner: 30

INGREDIENSER

1 burk pintobönor sköljda och avrunna

1 kopp kokt långkornigt vitt ris

1 ägg

1/4 tsk kosher salt mer efter smak

1/4 tsk spiskummin

nypa cayenne mer efter smak

1-2 msk olivolja

Rökig chipotle-doppsås

VÄGBESKRIVNING

Lägg de sköljda bönorna i en stor mixerskål. Mosa med en potatisstöt tills de bildar en pasta. Tillsätt ris, spiskummin och cayennepepp. Rör om för att kombinera och smaka av.

Tillsätt ägget och arbeta med händerna eller en stor sked för att blanda väl.

Använd en liten skopa eller en sked för att forma bollarna och runda dem sedan försiktigt med fingertopparna. Forma alla bollar och lägg dem på en stor tallrik eller skärbräda. I en stor stekpanna på medelhög värme, värm ungefär en matsked olja. Koka bollarna i stekpannan tills de fått lite färg på varje sida. Detta tog ett par minuter på varje sida, vänd dem 2-3 gånger vardera.

Om du inte är bekant med att laga saker i omgångar, här är ett tips.

Börja placera dina risbollar i pannan, i ytterkanten, bredvid handtaget. Gå medsols runt pannan och fyll sedan i mitten.

Efter att bollarna fått färg, ta bort dem från pannan och lägg dem på en ren tallrik. Tälta löst med folie för att hålla värmen. Koka resterande hälften av bollarna och servera sedan varma. Njut av!

57. Friterade bönor, ris och korvbollar

INGREDIENSER:

1 kopp kokt långkornigt ris

1 kopp pintobönor, kokta tills de är krämiga

4 tunt skivade salladslökar

4 msk finhackad korv

1 kopp plus 2 matskedar torkat ströbröd totalt

2 tsk varm sås - ditt val

2 ägg totalt

1 kopp universalmjöl

1/2 kopp mjölk

olja för fritering

Kreolsk doppsås:

1-del majonnäs

1-del kreolsenap

VÄGBESKRIVNING:

Blanda ris, bönor, lök, korv och 2 matskedar ströbröd. Strö på het sås och rör sedan i ett ägg för att bilda en tät smet.

Vispa mjölk och resterande ägg för att göra en äggtvätt.

Forma små bollar av bönor, ris och korvblandning. Rulla i mjöl, täck sedan med äggtvätt och rulla in resterande ströbröd.

Värm olja till 360 grader F och stek tills den är gyllenbrun. Låt rinna av på hushållspapper och servera omedelbart med Creole Dipping Sauce, eller din favoritdippingsås.

Kreolsk doppsås: Blanda en del majonnäs med en del kreolsenap och servera med bönorna och risbollarna.

58. Långkornigt ris och pintoböna

Preparationstid: 30 minuter

Tillagningstid: 10 till 30 minuter

Portioner: 4

INGREDIENSER

50ml/2fl oz. vegetabilisk olja

1 lök, finhackad

300 ml/10½ oz. långkornigt ris

400 ml/14½ oz. vatten

400 ml/14½ oz. kokosmjölk

400g/14¼oz Can pinto bönor, sköljda och avrunna

3 msk färsk timjan

salt och nymalen svartpeppar

färsk koriander, till garnering

VÄGBESKRIVNING

Hetta upp oljan i en stekpanna och fräs löken tills den är genomskinlig.

Tillsätt riset, rör om väl och tillsätt vattnet och kokosmjölken. Koka upp.

Tillsätt pintobönorna och timjan, låt sjuda och täck under lock i cirka 20 minuter tills riset är kokt. Krydda med salt och nymalen svartpeppar.

Servera garnerad med koriander.

59. Limekyckling med äggstekt långkornigt ris

Preparationstid: 30 minuter

Tillagningstid: 10 till 30 minuter

Portioner: 2

INGREDIENSER

För Kycklingen

2 kycklingbröst utan skinn

2 msk sesamolja

2 tsk vegetabilisk olja

2 msk sojasås

2 vitlöksklyftor, fint hackade

½ citron, rivet skal och juice

salt och nymalen svartpeppar

1 msk klar honung

För The Rice

2 msk jordnötsolja

2-3 tsk sesamolja

2 frigående ägg, lätt vispade

skvätt sojasås

2 vårlökar, fint hackade

50g/2oz pintobönor, kokta

150 g/5 oz långkornigt ris, kokt

salt och nymalen svartpeppar

3-4 msk hackad koriander

limeklyftor, att servera

VÄGBESKRIVNING

För att fjärila lägger kycklingbrösten dem på en bräda och använd en vass kniv för att skära ett snitt parallellt med skärbrädan tre fjärdedelar av varje bröst.

Öppna varje kycklingbröst så att du har två stora, tunnare kycklingbröst.

Lägg dem i en skål med en matsked sesamolja, vegetabilisk olja, sojasås, vitlök, citronskal och juice.

Krydda med salt och nymalen svartpeppar och blanda ihop. Blanda honungen med den återstående sesamoljan i en separat skål.

Hetta upp en stekpanna på medelhög värme tills det ryker, lägg sedan kycklingen på grillen och stek i 2-3 minuter på varje sida, pensla den en eller två gånger med honung och sesamblandningen.

När det är klart ska kycklingen vara kolgrillad på utsidan och genomstekt. Låt vila i 2-3 minuter.

Under tiden, för riset, värm en wok på hög värme och tillsätt sedan jordnötterna och en tesked av sesamoljan. När oljan börjar skimra tillsätt äggen och koka, rör hela tiden, i 1-2 minuter eller tills de är rörda.

Skjut äggen åt sidan av pannan och tillsätt lite mer sesamolja, sojasås, vårlök och pintobönor och koka i en minut, tillsätt sedan riset och smaka av med salt och nymalen svartpeppar.

Koka, under konstant omrörning, i 3-4 minuter, eller tills den är genomvärmd. Rör igenom koriandern.

För att servera, häll upp riset på tallrikar. Skär kycklingen på diagonalen i tunna strimlor och lägg den ovanpå riset. Toppa med en limeklyfta.

60. Långkornigt Rice Hoppin' John

Preparationstid: 30 minuter

Tillagningstid: 30 minuter till 1 timme

Portioner: 4

INGREDIENSER

2 matskedar vegetabilisk olja

300g/10½oz kokt och strimlat bacon

1 grön paprika, finhackad

1 röd paprika, finhackad

1 rödlök, finhackad

3 st selleristänger, fint hackade

4 vitlöksklyftor, krossade

1 tsk torkade chiliflakes

2 lagerblad

1 liter/1¾ pint kyckling- eller grönsaksfond

400g/14oz burk pintobönor, avrunna och sköljda

225 g/8 oz långkornigt ris

2 msk kreolsk eller allsidig krydda

salt och nymalen svartpeppar

Att tjäna

en näve plattbladiga bladpersilja, finhackad

gäng vårlök, finhackad

VÄGBESKRIVNING

Hetta upp oljan i en stor panna på medelvärme.

Tillsätt bacon i pannan och stek tills det är knaprigt. Ta av med hålslev och låt rinna av på hushållspapper.

Tillsätt lök, paprika, selleri, vitlök, chiliflakes, lagerblad, kreolsk krydda, salt och peppar i pannan och fräs på låg till medelhög värme tills den mjuknat.

Häll i fonden och låt koka upp.

Tillsätt riset, bönorna och baconet och rör om väl. Täck och låt sjuda i 20 minuter, eller tills riset är mört och det mesta av vätskan har absorberats.

Dela mellan serveringsskålar, strö över persiljan och vårlöken och servera.

61. Mexikanskt inspirerade Pintobönor och ris

Förberedelsetid: 25 minuter

Tillagningstid: 20 minuter

Portioner: 8

INGREDIENSER

1 msk kycklingbuljong

3 matskedar tomatpuré

1 tsk malda korianderfrön

1 tsk salt

½ tsk vitlökspulver

¼ teskedar peppar

3½ dl vatten

2 koppar långkornigt vitt ris, sköljt med en nätsil

1 röd paprika, härdad, kärnad och tärnad

¼ kopp finhackad rödlök

1 jalapeño, skakad, kärnad och fint tärnad

2 msk finhackad koriander

15-ounce burk pintobönor, avrunna och sköljda

VÄGBESKRIVNING

Till en gryta, tillsätt kycklingbas, tomatpuré, koriander, salt, vitlökspulver och peppar; vispa att kombinera.

Vispa gradvis i vatten, tillsätt ris och rör om för att kombinera. Sätt en kastrull på medelhög värme och låt koka upp, rör om då och då.

Sänk värmen till medel-låg, täck över. Fortsätt att koka tills vätskan har absorberats, rör om då och då, ca 12-15 minuter. Ta av från värmen och låt stå övertäckt i några minuter.

Placera ris i en stor skål och tillsätt paprika, lök, jalapeño och koriander; rör om för att kombinera.

Rör försiktigt ner bönorna och servera.

62. Pintobönor och ris med koriander

Förberedelsetid: 5 minuter

Tillagningstid: 25 minuter

Portioner 6

INGREDIENSER

För riset:

1 kopp långkornigt vitt ris

1 msk olivolja

8 oz. burk tomatsås

1 röd paprika kärna ur, kärnade ur och i fjärdedelar

1 1/2 dl kycklingfond eller grönsaksbuljong

3/4 tesked kosher salt

1 tsk vitlökspulver

1/4 tsk chilipulver

1/4 tsk spiskummin

1/2 kopp tärnade tomater

2 msk hackad koriander till garnering

För bönorna:

15 uns burk pintobönor avrunna och sköljda

1/2 dl kycklingfond eller grönsaksbuljong

1 msk tomatpuré

3/4 tsk salt

3/4 tsk chilipulver

1/2 kopp pico de gallo till garnering

VÄGBESKRIVNING

För riset:

Värm olivoljan i en 2-liters gryta på medelvärme. Tillsätt riset och rör om tills riset är täckt av oljan. Koka i cirka 5 minuter eller tills riset är rostat och lätt brynt.

Tillsätt alla resterande ingredienser.

Sätt tillbaka grytan i brännaren och låt innehållet koka upp.

Täck grytan och sänk värmen till låg; koka i 17 minuter.

Ta grytan från värmen och låt stå under lock i 5 minuter. Ta bort och släng paprikan. Blanda väl. Garnera med tomater och salladslök om så önskas.

För bönorna:

Lägg alla ingredienser i en kastrull på medelhög värme och låt koka upp. Koka i 7-10 minuter tills såsen har tjocknat. Smaka av och tillsätt mer salt eller chilipulver om det behövs. Du kan även tillsätta lite mer kycklingfond om såsen blir för tjock för din smak. Garnera med pico de gallo om så önskas.

63. Spanska Pintobönor & ris

Förberedelsetid 10 minuter

Tillagningstid 25 minuter

Portioner 2

INGREDIENSER

FÖR RISET

2 dl grönsaksbuljong 475 ml

1 dl långkornigt ris 190 gram

1/4 tsk saffranstrådar ,17 gram

nypa havssalt

skvätt svartpeppar

FÖR BÖNOR

2 matskedar extra virgin olivolja 30 ml

1 liten lök

4 vitlöksklyftor

1 morot

1 grön paprika

1 tsk sötrökt spansk paprika 2,30 gram

1/2 tsk mald spiskummin 1,25 gram

2 1/2 dl konserverade pintobönor 400 gram

1 dl grönsaksbuljong 240 ml

nypa havssalt

skvätt svartpeppar

en näve finhackad färsk persilja

VÄGBESKRIVNING

Tillsätt 2 dl grönsaksbuljong i en kastrull, nyp i 1/4 tsk saffranstrådar och smaka av med havssalt & nyknäckt svartpeppar, värm med hög värme

Tillsätt under tiden 1 kopp långkornigt ris i en sil och skölj under kallt rinnande vatten tills vattnet blir klart under silen

När buljongen kokar upp, tillsätt riset i pannan, blanda och lägg ett lock på pannan, sänk till låg-medelvärme och låt sjuda tills riset är kokt.

Värm under tiden en stor stekpanna med medelvärme och tillsätt 2 msk extra virgin olivolja, tillsätt efter 2 minuter 1 liten finhackad lök, 1 finhackad grön paprika, 1 morot och 4 grovhackad vitlöksklyfta, blanda grönsaken kontinuerligt med olivoljan

Efter 4 minuter och grönsakerna är lätta sauterade, tillsätt 1 tsk söt rökt spansk paprika och 1/2 tsk mald spiskummin, blanda snabbt, tillsätt sedan 2 1/2 dl konserverade pintobönor och smaka av med havssalt & svartpeppar, försiktigt blanda tills det är väl blandat, tillsätt sedan 1 dl grönsaksbuljong och låt sjuda på medelhög värme

När riset är genomkokt, ta bort riset från värmen, låt det sitta i 3 till 4 minuter med locket på, ta sedan av locket och fluffa upp riset med en gaffel och överför riset till serveringsfaten

Ta tag i de sjudande bönorna och lägg dem i serveringsfatet bredvid riset, strö över nyhackad persilja och njut!

64. One-Pot ris och bönor

Portioner: 4 portioner

Total tid: 30 minuter

INGREDIENSER

2 matskedar olivolja

1 gul lök, hackad

1 ¾ dl kyckling- eller grönsaksfond eller vatten

1 tsk salt

1 kopp långkornigt ris

15,5-ounce burk pintobönor

Limeklyftor eller korianderblad, till garnering

VÄGBESKRIVNING

Värm olivoljan på medelvärme i en stor kastrull eller holländsk ugn med tättslutande lock. Tillsätt lök och fräs tills den är genomskinlig, cirka 3 minuter. Tillsätt fonden, täck över och låt koka upp.

Tillsätt salt, ris och bönorna. Rör om bara för att kombinera, täck sedan över.

Sänk värmen så lågt som möjligt och låt sedan sjuda ostört i 18 till 20 minuter. Ta av från värmen och låt stå i 4 minuter och fluffa sedan med en gaffel.

Smaka av med salt och peppar, garnera sedan med lime eller koriander som du vill.

65. Southern Pinto bönor och ris

Förberedelsetid: 5 minuter

Tillagningstid: 4 timmar

Portioner: 6 koppar

INGREDIENSER

1 lb torkade pintobönor

8 dl vatten eller buljong

2 matskedar salt, för blötläggning över natten; bordssalt

2 msk lökpulver eller 1 kopp färsk, tärnad lök

2 msk vitlökspulver

2 dl långkornigt ris, kokt

1 rökt skinka

salt och peppar efter smak

VÄGBESKRIVNING

Sätt bönor i en stor holländsk ugn med lök och vitlökspulver.

Koka på låg värme utan lock i 3-4 timmar eller tills de är mjuka; kontrollera vätskenivån ofta; lägg till mer om det behövs; när de är mjuka, smaka av med kryddor och justera därefter

1 lb torkade pintobönor, 8 dl vatten eller buljong, 2 msk lökpulver, 2 msk vitlökspulver, 1 rökt skinka hase

66. Pintobönor och ris och korv

Förberedelsetid: 20 minuter

Tillagningstid: 105 minuter

Portioner: 6 portioner

INGREDIENSER

1 pund torkade pintobönor

6 dl vatten

1 skinkhake, eller ett köttigt överblivet skinkben

1 medelstor lök, hackad

3 vitlöksklyftor, hackade

1 1/2 tsk salt

1-pund rökt andouillekorv, eller liknande rökt korv, skivad

14,5-ounce burk tomater, tärnade

4-ounce burk mild grön chilipeppar

1/2 tsk röd paprikaflingor, krossade

4 koppar kokt vitt ris, långkornigt eller snabbgryn, varmkokt

VÄGBESKRIVNING

Kvällen innan lägg pintobönorna i en stor skål eller gryta och täck med vatten till ett djup av cirka 3 tum ovanför bönorna. Låt dem stå i 8 timmar eller över natten. Dränera väl.

Kombinera de blötlagda och avrunna bönorna med vatten, skinka, lök och vitlök i en stor kastrull eller holländsk ugn över hög värme; koka upp. Täck och sänk värmen till medium; koka bönorna i 45 minuter, eller tills bönorna är mjuka.

Tillsätt salt, skivad korv, tomater, mild chilipeppar och krossade rödpepparflingor, om så önskas. Täck över, sänk värmen till låg och låt sjuda i 1 timme, rör om då och då.

Ta bort skinkhaken och ta bort köttet från benet. Strimla skinkan med en gaffel eller hacka. Häll tillbaka skinkan i bönblandningen.

Servera pintobönorna över varmt kokt ris.

67. Gallopinto (nicaraguanskt ris och bönor)

Förberedelsetid: 45 minuter

Total tid: 24 timmar

Portioner: 8 portioner

INGREDIENSER

För bönorna

1 (16-ounce) påse torkade Pintobönor

Salt

7 vitlöksklyftor, skalade

För riset

1/4 kopp vegetabilisk olja, uppdelad

1 medelstor gul lök, finhackad

1 1/2 dl långkornigt vitt ris

3 dl vatten eller kycklingbuljong med låg natriumhalt

1/2 grön paprika, kärna ur och kärnade ur

VÄGBESKRIVNING

För bönorna:

Bred ut bönorna på en kantad bakplåt. Plocka ut eventuellt skräp och trasiga bönor. Överför bönorna i ett durkslag och skölj under kallt rinnande vatten. Placera sköljda bönor i en stor gryta och täck med kallt vatten; låt dra i 30 minuter.

Koka upp på hög värme. Sänk värmen till medel och sjud bönorna i 30 minuter. Stäng av värmen, täck över bönorna och låt vila i 1 timme. Koka upp bönorna igen på hög värme. Tillsätt 2 tsk salt och vitlök, sänk värmen till medel och låt sjuda tills bönorna är mjuka i 30 till 60 minuter.

Till riset:

Hetta upp 2 msk olja i en stor tjockbottnad kastrull på medelvärme tills det skimrar. Tillsätt 2/3 av löken och koka under omrörning tills den är mjuk och genomskinlig, cirka 5 minuter.

Tillsätt ris och koka under omrörning tills kornen är blanka och jämnt belagda med olja, 2 till 3 minuter. Tillsätt vatten eller buljong och 1 1/2 tsk salt, öka värmen till hög och låt koka upp. Lägg paprika ovanpå riset.

Koka ris utan att röra om tills det mesta av vätskan har avdunstat och du kan se små bubblor spricka på risets yta. Sänk omedelbart värmen till lägsta inställningen, täck över och koka i 15 minuter.

Ta bort och släng paprikan. Fluffa ris med pinnar eller gaffel, låt sedan svalna och ställ i kylen i 1 dag.

För galoppen:

Värm de återstående 2 msk olja i en stor kastrull på medelhög värme tills det skimrar. Tillsätt återstående lök och koka, rör om, tills den mjuknat och genomskinlig, cirka 5 minuter.

Tillsätt ris och 2 dl bönor i stekpanna och koka under omrörning tills riset är jämnt belagt. Fortsätt att koka under omrörning så att smakerna smälter samman och blandningen blir lite knaprig, cirka 10 minuter. Täck över och koka på låg värme i ytterligare 10 minuter.

68. Bönsås & tomater över ris

Portioner: 6 portioner

INGREDIENSER

1 kopp pintobönor, blötlagda

2 Serrano chili, kärnade och hackade

½ msk ingefära, riven

1 varje lagerblad

¼ tesked Gurkmeja

4 koppar vatten

1⅓ kopp fond

¼ kopp koriander

Salt peppar

2 msk pekannötter, hackade och rostade

2 msk olivolja

4 tomater, tärnade

1 tsk chilipulver

1 msk färsk mejram

1 tsk lönnsirap

5 koppar vatten

1½ kopp långkornigt ris

2 morötter, strimlade

1 varje 3" kanelstång

½ msk olivolja

VÄGBESKRIVNING

Koka bönorna i 1½ till 2 timmar tills bönorna är mjuka. Släng lagerblad &

SÅS:

Blanda avrunna bönor, chili, ingefära, lagerblad, gurkmeja och vatten i en stor gryta.

Koka upp, minska värmen, täck över och koka.

Häll bönor, fond och koriander i en matberedare och mixa till en tjock sås. Krydda, tillsätt pekannötter och värm upp något.

TOMATER:

Blanda tomater, chilipulver, mejram och sirap i en sautépanna. Smaka av med salt och peppar och fräs på medelvärme tills tomaten börjar karamellisera, ca 10 minuter. Håll värmen på låg värme.

RIS:

Koka upp vatten och rör ner ris, morötter och kanel. Koka tills riset är mört, 10 till 12 minuter om du använder vitt ris. Häll av och kassera kanel och skölj kort under rinnande vatten.

Återgå till pannan och blanda med olja.

För att servera, skeda ris på varma tallrikar, toppa med bönsås och strö över tomater.

69. Cajun pinto bönor

Portioner: 8

INGREDIENSER

1 st Liten påse pintobönor, tvättade och plockade igenom

¼ kopp mjöl

¼ kopp baconfett

1 stor lök, hackad

6 vitlöksklyftor, hackade

½ kopp selleri, hackad

1 varje lagerblad

¼ kopp chilipulver

2 msk mald spiskummin

1 burk tomater med chili

Salt att smaka

2 pund skinka hase eller salt fläsk

Hackad koriander

2 koppar långkornigt ris, kokt

VÄGBESKRIVNING

Plocka igenom pintobönor och tvätta. Blötlägg 1 liten påse pintobönor över natten i kallt vatten och 1 matsked bakpulver. Skölj bönorna och koka i 1 timme. Byt vatten och tillsätt 1 matsked bakpulver igen. Koka ytterligare en timme eller två och byt vattnet för sista gången, tillsätt bakpulver och koka tills det är klart.

Stek $\frac{1}{4}$ dl mjöl och $\frac{1}{4}$ dl baconfett i den mörka rouxen.

Tillsätt och rör om tills det vissnat: 1 stor hackad lök, 5 eller 6 hackad vitlöksklyfta, $\frac{1}{2}$ kopp hackad selleri, 1 lagerblad och koriander.

Tillsätt chilipulver, spiskummin och tomater med chili och salt efter smak.

Kan tillagas med skinka hase eller salt fläsk.

Att använda denna roux ger en riktigt bra smak till pintobönor.

Servera med långkornigt ris.

70. Ris & bönor med ost

Portioner: 5

INGREDIENSER

1⅓ kopp vatten

1 kopp strimlade morötter

1 tsk instant kycklingbuljong

¼ tesked salt

15 ounce Can Pinto Beans, avrunna

8 ounces vanlig, fet yoghurt

½ kopp strimlad cheddarost med låg fetthalt

⅔ kopp långkornigt ris

½ kopp skivad salladslök

½ tsk mald koriander

1 tsk varm pepparsås

1 kopp keso med låg fetthalt

1 msk hackad färsk persilja

VÄGBESKRIVNING

Kombinera vatten, ris, morötter, salladslök, buljonggranulat, koriander, salt och flask pepparsås i en stor kastrull.

Koka upp; Sänk värmen. Täck och låt sjuda i 15 minuter eller tills riset är mört och vattnet absorberats.

Rör ner pinto eller marinblå bönor, keso, yoghurt och persilja.

Häll upp i en 10x6x2" ugnsform.

Grädda, täckt, i en 350 grader F. ugn i 20-25 minuter eller tills den är genomvärmd. Strö över cheddarost. Grädda utan lock i 3-5 minuter till eller tills osten smält.

71. Pintobönor och saffransris

Portioner: 4

INGREDIENSER

Bönor

3 dl torkade pintobönor

1/2 stavsmör

1/3 kopp ister

1/2 kopp sofrito

1 stor lök tärnad

3 liter vatten

Ris

1-1/2 kopp långkornigt ris

3 dl kycklingbuljong

1/2 tsk saffranstrådar

1-1/2 tsk koshersalt

1/2 kopp vatten

1 msk smör

Vinäger Varm pepparsås

VÄGBESKRIVNING

Tvätta bönorna och ta bort alla främmande föremål som stenar och dåliga bönor.

Tärna löken.

Tillsätt löken, bönorna, sofrito, vatten och smör.

Låt det värmas i 4 minuter och tillsätt ister.

Täck över och koka i 15 minuter, rör om, täck igen och sänk värmen till hälften. Koka tills bönorna är mjuka och tillsätt sedan salt.

Smält smöret och tillsätt riset. Rör om väl och tillsätt saffran, buljong och vatten.

Koka riset under omrörning då och då och när vätskan har absorberats täck och ta bort från värmen, stör inte i 20 minuter.

Servera med bönorna över riset. Tillsätt vinägern och den heta pepparsåsen.

72. Taco Krydda ris med pintobönor

Portioner: 6 portioner

INGREDIENSER

2 koppar vatten

8 uns tomatsås

1 pack tacokrydda mix

1 kopp majs

½ kopp grön paprika - hackad

½ tsk oregano

⅛ tesked vitlökspulver

1 kopp långkornigt ris

16 uns Pintobönor, konserverade

VÄGBESKRIVNING

I en medelstor kastrull, kombinera alla ingredienser, utom ris och bönor.

Koka upp blandningen på medelvärme. Rör ner ris och bönor.

När blandningen kokar igen, rör om och sänk sedan värmen till medel-låg, täck över och låt sjuda tills det mesta av vätskan har kokat ut, 45 minuter till 1 timme.

Ta bort från värmen och ställ åt sidan täckt i 5 minuter.

Blanda väl.

73. Indisk pumpa ris och bönor

Portioner: 8

INGREDIENSER

1 msk rapsolja

1 medelstor gul lök; hackad

2 vitlöksklyftor; mald

2 koppar pumpakuber

2 tsk currypulver

$\frac{1}{2}$ tsk svartpeppar

$\frac{1}{2}$ tsk salt

$\frac{1}{4}$ tesked Malen kryddnejlika

$1\frac{1}{2}$ kopp långkornigt vitt ris

1 dl Grovhackad grönkål eller spenat

15 uns Kokta pintobönor; dränerad och sköljd

VÄGBESKRIVNING

Värm oljan på medelvärme i en stor kastrull.

Tillsätt löken och vitlöken och koka under omrörning i 5 minuter tills löken är genomskinlig. Rör ner pumpa, curry, peppar, salt och kryddnejlika och koka i 1 minut till.

Tillsätt 3 dl vatten och riset, täck över och låt koka upp. Koka på medelhög värme i cirka 15 minuter.

Rör ner grönkålen och bönorna och koka i ca 5 minuter till.

Fluffa riset och stäng av värmen. Låt stå i 10 till 15 minuter innan servering.

74. Mexikanska Cowboybönor

Portioner: 6

INGREDIENSER

½ lb Pintobönor, torkade
1 lök, vit, stor
3 vitlöksklyftor, krossade
2 kvistar koriander
¼ kopp grönsaksfond eller vatten
6 oz. Vegansk chorizo
2 Serrano chili, hackad
1 tomat, stor, tärnad

VÄGBESKRIVNING

Blötlägg bönorna i vatten över natten.
Dagen efter silar du av dem och lägger dem i en stor gryta. Häll tillräckligt med vatten i grytan för att fylla ¾ av vägen.
Skär din lök på mitten. Lägg ½ lök, korianderkvistar och 3 vitlöksklyftor i grytan med bönorna. Spara den andra hälften av löken.
Koka upp vattnet och låt bönorna koka tills de nästan är mjuka, cirka 1 ½ timme.
Medan bönorna kokar värm en stor stekpanna till medelhög värme. Tillsätt chorizo och fräs tills den fått lite färg i cirka 4 minuter. Medan chorizon kokar skär du den andra halvan av löken.
Ta bort chorizo från pannan och ställ åt sidan. Tillsätt ¼ kopp vatten, tärnad lök och Serrano-peppar i sautépannan. Fräs lök och chili tills de är mjuka och genomskinliga i cirka 4-5 minuter. Tillsätt tomat och låt koka i 7-8 minuter till eller tills tomaten har brutit ner och släppt all saft.

Tillsätt denna blandning och chorizo i grytan med bönor och låt puttra i 20 minuter till eller tills bönorna är helt mjuka. Smaka av med salt och peppar.

Innan servering, ta bort den halva löken, korianderkvisten och vitlöksklyftorna från bönorna. Krydda med salt och peppar

75. Karibisk fest

INGREDIENSER

RYCK JACKFRUIT

3 burkar Young Jack Fruit i saltlake, avrunna och tärnade
1 msk kokosolja
3 vårlökar, fint skivade
3 vitlöksklyftor, hackad
1/2 Scotch Bonnet Chili
En tumstor bit av ingefära, finhackad
1 gul paprika, urkärnad och tärnad
1 kopp/200 g konserverade pintobönor
1 msk All Spice
2 tsk mald kanel
3 matskedar sojasås
5 matskedar tomatpuré
4 matskedar kokossocker
1 kopp/240 ml ananasjuice
Juice 1 lime
1 msk färska timjanblad
2 tsk havssalt
1 tsk knäckt svartpeppar

RIS & ÄRTER

1 burk Kidneybönor, flytande reserverad
1 burk kokosmjölk
3 matskedar färsk timjan
Nypa havssalt & svartpeppar

1 & 1/2 koppar/340 g långkornigt ris, sköljt
Grönsaksfond, om det behövs.

STEKT GRÖFT

2 Groblad, skalad & skuren i cm skivor
2 msk Vita Coca Coconut Oil
2 msk kokossocker
Nypa Salt & Peppar

MANGO SALLAD

1/2 färsk mango, skalad och tärnad
1 tsk färsk chili, finhackad
Handfull färsk koriander
Saft av en halv lime
Färsk blandad sallad

VÄGBESKRIVNING

Placera först en stor gryta eller stekpanna på medelhög värme. Tillsätt kokosoljan följt av lök, vitlök, ingefära, chili och gulpeppar. Låt blandningen mjukna i 3 minuter innan du tillsätter kryddorna och kokar i 2 minuter till. Tillsätt en nypa krydda. Tillsätt jackfrukten i pannan och rör om väl, koka blandningen i 3-4 minuter.

Tillsätt sedan kokossockret och bönorna. Fortsätt röra och tillsätt sedan sojasås, tomatpuré och ananasjuice. Sänk värmen och tillsätt limejuicen plus några hackade färska timjanblad. Sätt på locket och låt jackfrukten koka i cirka 12-15 minuter.

Till riset, tillsätt ingredienserna i en kastrull och sätt på locket. ställ pannan på låg värme och låt riset absorbera all vätska tills det är lätt och fluffigt. detta bör ta 10-12 minuter. Om ditt ris blir för torrt innan det har kokat, tillsätt lite vatten eller grönsaksfond.

nästa upp, är groblad. Värm upp en stekpanna med non-stick på medelvärme och tillsätt kokosoljan, tillsätt plantainklyftorna när den är varm och stek på båda sidor i 3-4 minuter tills den är karamelliserad och gyllene. smaka av med kokossocker, salt & peppar.

Till salladen, blanda helt enkelt alla ingredienser i en liten mixerskål.

servera allt tillsammans, njut.

76. Jamaican Jerk Jackfruit & Beans med ris

Förberedelsetid: 10 minuter

Tillagningstid: 25 minuter

Portioner: 2

INGREDIENSER

1 lök

2 vitlöksklyftor

1 chili

2 vintomater

2 tsk Jamaican jerk krydda

400 g burk kidneybönor

400 g burk jackfrukt

200 ml kokosmjölk

150 g vitt långkornigt ris

50 g babybladsspenat

Havssalt

Nymalen peppar

1 msk olivolja

300 ml kokande vatten

VÄGBESKRIVNING

Skala och finhacka löken. Skala och riv vitlöksklyftorna. Halvera chilin, dra ut fröna och hinnan för mindre värme, och finhacka. Hacka tomaterna grovt.

Häll 1 matsked olja i en stor kastrull och låt det komma till medelvärme. Skjut i löken och en rejäl nypa salt och peppar. Stek i 4-5 minuter, rör om då och då, tills de mjuknat och fått lite färg. Rör ner vitlök, chili och 2 tsk Jamaican jerk krydda och fortsätt att steka i ytterligare 2 minuter

Häll ner de hackade tomaterna i pannan. Häll av kidneybönorna och jackfrukten och lägg dem i pannan. Häll i kokosmjölken. Blanda väl och koka upp, täck sedan delvis med lock och låt sjuda försiktigt i 20 minuter Under tillagningstiden, använd en träslev då och då för att bryta upp jackfruktbitarna lite.

Häll riset i en sil och skölj det ordentligt under kallt vatten. Häll i en liten kastrull och tillsätt 300 ml kokande vatten och en nypa salt. Lägg på ett lock och låt koka upp, vrid sedan höger ner och låt sjuda försiktigt i 8 minuter tills allt vatten har absorberats. Ta riset från värmen och låt det ånga i pannan, täckt, i 10 minuter

Rör ner spenaten i jackfrukten och bönorna tills den vissnat. Smaka av såsen och tillsätt mer salt om det behövs.

Häll riset i ett par djupa skålar och toppa med generösa slevar av jackfruktcurryn och servera.

77. Ris Pilaf med bönor, frukter och nötter

Förberedelsetid: 10 minuter

Tillagningstid: 45 minuter

INGREDIENSER

1 1/2 dl långkornigt ris

1 matsked neutral vegetabilisk olja

1 medelstor lök, finhackad

1 till 2 små färska heta chilipeppar, skivade

2/3 kopp russin eller torkade tranbär, eller en kombination

1/3 kopp kokta pintobönor

1/3 kopp finhackade torkade aprikoser

1/4 tsk gurkmeja

1/2 tsk kanel

1/4 tesked mald eller färsk muskotnöt

1/2 tsk torkad basilika

1/4 kopp apelsinjuice

2 tsk agave nektar

1 till 2 matskedar citron- eller limejuice, efter smak

1/2 kopp rostade cashewnötter

Salta och nymalen peppar efter smak

VÄGBESKRIVNING

Kombinera riset med 4 dl vatten i en kastrull. Koka upp försiktigt, sänk sedan värmen, täck över och låt sjuda försiktigt i 30 minuter, eller tills vattnet absorberats.

När riset är klart, värm oljan i en stor stekpanna. Tillsätt lök och chilipeppar och fräs på medelvärme tills de är gyllene.

Rör ner riset och alla övriga ingredienser utom nötterna, salt och peppar. koka på låg värme, rör om ofta, i cirka 8 till 10 minuter, låt smakerna blandas.

Rör ner nötterna, smaka av med salt och peppar och servera.

78. Bönor och ris cha cha cha skål

Portioner: 6

INGREDIENSER

2 msk olivolja

2 vitlöksklyftor, hackade

1 kopp skivad lök

1 kopp skalad, skivad selleri

1 kopp skivade morötter

1 tsk chilipulver

¼ kopp konserverad tärnad grön chili

1 pund pintobönor

2 koppar kokta svarta bönor

¼ lök, grovt skivad

1 fett 263 kalorier

2 dl skivade svampar

½ kopp Reservbönfond

2 msk hackad koriander

Salta och peppra efter smak

3 koppar kokt långkornigt ris

1 msk citronsaft

2 tsk salt eller efter smak

INGREDIENSER

Värm olivolja i en stor djup kastrull och fräs vitlök, lök, selleri, morötter och chilipulver tills löken är genomskinlig.

Tillsätt chili och champinjoner och fräs i 5 minuter till.

Rör ner bönor, bönfond och koriander. Krydda efter smak.

Täck över och låt sjuda på låg värme i cirka 10 minuter, rör om då och då.

Servera över ris.

79. Rovorröra med bönor

Förberedelsetid: 10 minuter

Tillagningstid: 20 minuter

Portioner: 2 personer

INGREDIENSER

1 msk olivolja

2 lila topprovor - skurade, putsade och tärnade

3 dl spenat

1 15,5 oz. burk pintobönor - avrunna och sköljda

1 msk färsk ingefära - finhackad

2 vitlöksklyftor - pressad eller finhackad

1 matsked honung

1 msk risvinäger

2 matskedar sojasås med reducerad natrium

1 kopp långkornigt ris - kokt, för servering

VÄGBESKRIVNING

Om du behöver förbereda ris eller fullkorn till måltiden, börja med det innan du gör wokningen.

Hetta upp olivolja i en stor stekpanna på medelvärme. Tillsätt kålroten och koka, rör om/vänd då och då, i 8-12 minuter eller tills de är lätt brynta och mjuka.

Medan kålroten kokar, vispa ihop ingefära, vitlök, honung, risvinäger och sojasås i en liten skål. Tillsätt spenaten, bönorna och såsen i stekpannan. Koka i 4-6 minuter, eller tills spenaten vissnat och röran är genomvärmd.

Servera varmt över ris.

80. Ris med lamm, dill och bönor

Portioner: 8 portioner

INGREDIENSER

2 msk smör

1 medelstor lök; skalade och skär i 1/4-tums tjocka skivor

3 pounds Benfri lammskuldra, i tärningar

3 koppar vatten

1 matsked salt

2 koppar okokt långkornigt vitt ris, blötlagt och avrunnet

4 koppar dill, färsk; fint skuren

2 tio oz. Pinto bönor

8 matskedar smör; smält

$\frac{1}{4}$ tesked saffranstrådar; pulvriserad och löst i 1 matsked. varmvatten

VÄGBESKRIVNING

I en tung 3 till 4-quarts gryta, med ett tättslutande lock, smält de 2 matskedarna smör över måttlig värme.

När skummet börjar avta, tillsätt löken och rör om ofta och låt koka i cirka 10 minuter, eller tills skivorna är rikligt bruna. Med en hålslev överför du dem till en tallrik.

Ett halvdussin bitar i taget, bryn lammtärningarna i fettet som finns kvar i grytan, vänd dem med en tång eller en sked och reglera värmen så att de får en djup och jämn färg utan att brännas. När de blir bruna överför du lammkuberna till tallriken med löken.

Häll de 3 kopparna vatten i grytan och låt koka upp på hög värme, samtidigt som du skrapar in de bruna partiklarna som klamrar sig fast i botten och sidorna av pannan. Lägg tillbaka lammet och löken i grytan, tillsätt saltet och sänk värmen till låg.

Täck ordentligt och låt sjuda i cirka 1 timme och 15 minuter, eller tills lammet är mört och inte visar något motstånd när det sticks hål med spetsen på en liten, vass kniv. Överför lammet, löken och all matlagningsvätska till en stor skål och ställ grytan åt sidan.

Värm ugnen till 350 grader. Koka upp 6 koppar vatten i en kastrull på 5 till 6 liter. Häll i riset i en långsam, tunn stråle så att vattnet inte slutar koka. Rör om en eller två gånger, koka snabbt i 5 minuter, ta sedan kastrullen från värmen, rör ner dill och bönor och låt rinna av i en fin sil.

Häll ungefär hälften av risblandningen i grytan och fukta den med «en kopp av lammkokvätskan. Bred sedan ut risblandningen till kanterna av pannan med en spatel eller sked.

Lägg tillbaka lammet och löken i grytan med en hålslev och jämna till dem över riset.

Bred sedan ut resten av risblandningen ovanpå. Kombinera 2 matskedar av det smälta smöret med 6 matskedar av lammbuljongen och häll det över riset. Koka upp grytan på hög värme.

Täck ordentligt och grädda i mitten av ugnen i 30 till 40 minuter, eller tills bönorna är mjuka och riset har absorberat all vätska i grytan.

För att servera, häll cirka en kopp av risblandningen i en liten skål, tillsätt det upplösta saffran och rör om tills riset är ljust gult.

Fördela ungefär hälften av det återstående riset på ett uppvärmt fat och lägg lammet över. Täck lammet med resten av den vanliga risblandningen och garnera det med saffransriset. Häll de återstående 6 matskedar smält smör över toppen.

81. Ostiga Pintobönor

Förberedelsetid: 10 minuter

Tillagningstid: 10 minuter

Portioner: 4

INGREDIENSER

2 vitlöksklyftor

1 jalapeño

1 msk matolja

2 15 oz. burkar pintobönor

1/4 tsk rökt paprika

1/4 tsk malen spiskummin

1/8 tsk nyknäckt svartpeppar

2 skvätt varm sås

1/2 kopp strimlad cheddarost

2 portioner långkornigt ris, kokt

VÄGBESKRIVNING

Finhacka vitlöken och finhacka jalapeñon.

Tillsätt vitlök, jalapeño och matolja i en kastrull. Fräs vitlöken och jalapeñon på medelvärme i cirka en minut, eller bara tills vitlöken doftar mycket.

Tillsätt en burk pintobönor i en mixer, med vätskan i burken, och puré tills den är slät.

Tillsätt de mosade bönorna och den andra burken bönor i kastrullen med vitlök och jalapeño. Rör om för att kombinera.

Krydda bönorna med rökt paprika, spiskummin, peppar och varm sås. Rör om för att kombinera, värm sedan över medel, rör om då och då.

Tillsätt slutligen den strimlade cheddarn och rör om tills den har smält slät in i bönorna. Smaka av bönorna och justera kryddningen efter eget tycke. Servera över ris eller till din favoritmåltid.

82. Ris och bönor med basilikapesto

Portioner: 4 portioner

INGREDIENSER

Grönsaksspray för matlagning

1 kopp hackad lök

1 kopp okokt långkornigt ris

13¾ uns burk kycklingbuljong utan salttillsats

1 kopp hackad oskalad tomat

¼ kopp kommersiell pesto basilikasås

16 uns pintobönor

VÄGBESKRIVNING

Belägg en stor stekpanna med matlagningsspray och ställ över medelhög värme tills den är varm.

Tillsätt lök; fräs i 2 minuter. Tillsätt ris och buljong; koka upp.

Sänk värmen och låt puttra utan lock i 15 minuter eller tills riset är klart och vätskan absorberas.

Rör i tomat, pestosås och bönor; koka 2 minuter eller tills den är genomvärmd.

83. Flankstek med bönor och ris

Portioner: 6 portioner

INGREDIENSER

1½ pund flankstek

3 matskedar vegetabilisk olja

2 lagerblad

5 dl nötbuljong

4 matskedar olivolja

2 lökar; hackad

6 vitlöksklyftor; mald

1 msk torkad oregano

1 msk mald spiskummin

2 tomater; frösådd, hackad

Salt; att smaka

Nymalen svartpeppar; att smaka

Pinto bönor

Kokt långkornigt vitt ris

2 matskedar vegetabilisk olja

6 ägg

VÄGBESKRIVNING

Krydda biffen med salt och peppar. Värm vegetabilisk olja i en tung stor stekpanna på hög värme. Tillsätt biff och stek tills den fått färg på alla sidor. Tillsätt lagerblad och fond.

Sänk värmen och låt sjuda tills biffen är väldigt mör, vänd då och då i cirka 2 timmar.

Ta av från värmen och låt köttet svalna i fonden. Ta bort köttet från fonden och strimla det. Reservera 1 kopp matlagningsvätska; reservera den återstående matlagningsvätskan för annan användning. Hetta upp olivolja i en tung stor stekpanna på medelhög värme. Tillsätt lök och fräs tills den är gyllene.

Tillsätt vitlök, oregano, spiskummin och fräs tills det doftar. Tillsätt tomater och fortsätt koka tills det mesta av vätskan avdunstat.

Tillsätt strimlat kött och 1 kopp av den reserverade matlagningsvätskan. Smaka av med salt och peppar. Ordna nötköttet, riset och bönorna på ett rektangulärt fat i tre rader med riset i mitten.

Värm vegetabilisk olja i en tung stor stekpanna på medelvärme. Knäck ägg i stekpanna. Stek tills det stelnat mjukt. Servera ovanpå bönor, kött och ris.

84. Afrikanskt ris och bönor

Förberedelsetid: 15 minuter

Tillagningstid: 35 minuter

Portioner: 6

INGREDIENSER

½ kopp röd/palm/eller rapsolja

2-3 hackade vitlöksklyftor

1 medelstor lök tärnad

1 msk rökt paprika

1 tsk torkad timjan

½ skotsk bonnetpeppar eller ½ tsk cayennepeppar

4 tomater i tärningar

2 koppar tvättat långkornigt ris

2 koppar kokta pintobönor

4 1/2 - 5 dl kycklingbuljong eller vatten

1 msk salt eller mer efter smak

1/4 kopp kräftor

1 tsk kycklingbuljong

VÄGBESKRIVNING

Hetta upp en kastrull med olja. Tillsätt sedan lök, vitlök, timjan, rökt paprika och varm paprika, fräs i ungefär en minut och tillsätt tomater. Koka i ca 5-7 minuter.

Rör ner ris i pannan; fortsätt att röra i ca 2 minuter.

Tillsätt sedan bönor, 4 1/2 dl kycklingfond/vatten, låt koka upp minska värmen och låt sjuda tills riset är kokt, cirka 18 minuter eller mer. Justera för salt och peppar. Du måste röra om då och då för att undvika brännskador.

Servera varm med kyckling, gryta eller grönsaker

85. Tumbleweed, pinto bean och rissallad

Portioner: 6 portioner

INGREDIENSER

¾ kopp torkade pintobönor

1½ kopp Tumbleweed greener eller lockig endive, eller fänkåls toppar, tvättade noggrant och dränerade

1½ kopp kokt vitt långkornigt ris

¾ kopp solrosolja

3 msk rödvinsvinäger med örtsmak

2 msk hackad färsk gräslök

2 små vitlöksklyftor, skalade

¼ tesked svartpeppar

⅛ tesked salt

Gräslök till garnering

VÄGBESKRIVNING

Blötlägg bönorna över natten i vatten för att täcka. Töm bönorna på morgonen, skölj dem under kallt rinnande vatten och lägg dem i en kastrull med färskt vatten för att täcka.

Koka upp på hög värme, sänk sedan värmen och låt puttra i flera timmar tills bönorna är mjuka och skalet börjar delas.

Tillsätt vatten vid behov för att förhindra att bönorna torkar och rör om då och då för att förhindra att de bränns och fastnar. Ta av från värmen, låt rinna av och låt svalna.

I en skål, blanda ihop grönsakerna, bönorna och riset. Täck över och kyl i kylen i minst 30 minuter.

I en mixer, kombinera olja, vinäger, gräslök, vitlök, peppar och salt. Mixa på hög hastighet tills gräslöken och vitlöken är finpurerad.

Häll dressingen över salladen, rör om och garnera med gräslök.

86. Pintobönor, ris och grönsakssallad

Förberedelsetid: 15 minuter

Tillagningstid: 15 minuter

Portioner: 4

INGREDIENSER

2 koppar vatten

1 kopp okokt långkornigt ris

15-ounce burk pintobönor, sköljda och avrunna

1 röd paprika

1 gul paprika

5 salladslökar

¼ kopp olivolja

¼ kopp äppelcidervinäger

1 msk dijonsenap

1 tsk malen spiskummin

1 stor vitlöksklyfta

¾ tesked kosher salt

¼ tesked nymalen svartpeppar

VÄGBESKRIVNING

Häll 2 dl vatten i en medelstor kastrull. Koka upp, tillsätt sedan det okokta riset, rör om för att kombinera och återuppliva. Täck pannan och sänk värmen så lågt som möjligt.

Sjud utan att öppna locket i 15 minuter, tills riset är mört och vattnet absorberats.

Hacka paprikan fint. Skiva salladslöken tunt. Finhacka vitlöken.

Kombinera det kokta riset, bönorna, hackad röd och gul paprika och salladslök i en stor blandningsskål och blanda ihop.

I en liten skål eller mätbägare, kombinera olivolja, äppelcidervinäger, senap, spiskummin, vitlök, salt och svartpeppar, vispa noggrant för att kombinera och häll sedan över risblandningen.

Kasta försiktigt för att täcka och servera sedan omedelbart eller förvara i kylskåp i upp till 3 dagar.

87. Edamame och Pinto bönsallad

Förberedelsetid: 30 minuter

Tillagningstid: 10 minuter

SERVERING: 6

INGREDIENSER

FÖR KLÄNINGEN

1/2 kopp cidervinäger

1/4 kopp olivolja

1 1/2 tsk spiskummin

1 tsk färsk hackad vitlök

Salta och peppra efter smak

TILL SALLAD

3 koppar kokt långkornigt ris, kylt

2 koppar edamamebönor

1 oz. burk pintobönor

3/4 kopp fint tärnad röd paprika

3/4 kopp färsk koriander grovt hackad

Salta och peppra efter smak

VÄGBESKRIVNING

I en skål med en visp, kombinera olivolja, vinäger, vitlök och spiskummin. Vispa tills det är väl blandat, smaka av och smaka av med salt och peppar. Avsätta.

Tillsätt det kokta riset, edamamebönorna, hackad paprika och pintobönorna i en separat stor skål.

Blanda och smaka av med salt och peppar. Tillsätt den hackade koriandern.

Tillsätt inte dressingen precis innan servering. Tillsätt ungefär hälften först och smaka av.

Blanda väl och servera i en stor skål, garnerad med fler korianderblad.

88. Ris & bönsallad med malet crudité

Portioner: 4

INGREDIENSER

1¼ kopp kokt långkornigt ris

1 kopp kokta pintobönor -- sköljda och avrunna

2 msk hackade pekannötter -- rostade

2 msk finhackad röd paprika

2 msk finhackad rödlök

3 msk finhackad färsk koriander

3 matskedar grön chilipeppar, tärnad

⅓ kopp morötter -- hackade

⅓ kopp broccolibuktor -- hackade

⅓ kopp Blomkålsbuketter, hackade

Salt och peppar - nymalen

2 koppar isbergssallat -- strimlad

3 msk Fettfri italiensk sallad

VÄGBESKRIVNING

Koka pintobönor, med en garnering av selleristjälk, morotsbit och fänkålsstjälk. Skölj, dränera, kyl.

Cirka två till tre timmar före servering, kombinera det kylda riset och bönorna i en stor blandningsskål. Skala en morot och skär den i 1-tums bitar.

Finhacka, tillsammans med 5 till 6 broccolibuktor och blomkålsbuketter, i en matberedare. Lägg till i skålen och blanda.

Rosta pekannötterna i en torr panna i cirka 4 minuter på medelvärme. Avlägsna från värme. Låt svalna och lägg sedan i salladen.

Finhacka löken, den röda paprikan och de färska korianderbladen för hand. Hacka konserverad chilipeppar.

Lägg i salladen och blanda väl. Smaka av och smaka av med salt och peppar. Kasta väl.

Tillsätt 3 matskedar salladsdressing. Kasta. Kyla. Servera på en bädd av tunt strimlad sallad.

89. Böna och ris Gumbo

Förberedelsetid 5 minuter

Tillagningstid 20 minuter

Portioner: 4

INGREDIENSER

2 dl kyckling, tillagad och i tärningar

1 kopp långkornigt ris, kokt

2 15-ounce burkar pintobönor, avrunna

4 dl kycklingfond

2 msk Taco kryddblandning

1 kopp tomatsås

Toppings:

Gratinerad ost

Salsa

Hackad koriander

Hackad lök

VÄGBESKRIVNING

Lägg alla ingredienser i en medelstor bunke. Rör om försiktigt.

Koka på medelvärme, låt sjuda i cirka 20 minuter, rör om då och då.

Servera med pålägg.

90. Chili con Carne

INGREDIENSER

500g Nötfärs/färs
1 stor lök hackad
3 vitlöksklyftor
2 (15 uns vardera) burk hackade tomater
En skvätt tomatpuré
1 tsk chilipulver
1 tsk malen spiskummin
skvätt Worcestersås
Salt och peppar
1 hackad röd paprika
15-ounce burk avrunna kidneybönor
Kokt långkornigt ris, att servera

VÄGBESKRIVNING

Fräs löken i en het panna med olja tills den är nästan brun och tillsätt sedan hackad vitlök
Tillsätt färsen och rör om tills den är brun; töm eventuellt överflödigt fett om så önskas
Tillsätt alla torkade kryddor och kryddor, sänk sedan värmen och tillsätt hackade tomater
Rör om väl och tillsätt tomatpuré och worcestershiresås och låt puttra i ungefär en timme.
Tillsätt den hackade röda paprikan och fortsätt att sjuda i 5 minuter, tillsätt sedan burken med avrunna kidneybönor och koka i ytterligare 5 minuter.
Servera med långkornigt ris.

91. Vegansk ris Gumbo

Förberedelsetid: 5 minuter

Tillagningstid: 25 minuter

Portioner: 4

INGREDIENSER

4 stora selleristjälkar

3 stora morötter

1 medelstor lök

1 tsk torkad timjan

1 tsk torkad persilja

1 tsk vitlökspulver

1 tsk salt

1/2 tsk malen salvia

1 matsked kokos aminos

4 dl grönsaksbuljong

2 koppar vatten

2/3 kopp långkornigt vitt ris

1 burk pintobönor

VÄGBESKRIVNING

Tärna eller hacka grönsakerna i lagom stora bitar.

Lägg till en stor kastrull på spisen och sätt på medelvärme. Spraya botten av grytan med avokadoolja eller olivolja spray. Lägg till grönsaker.

Koka grönsakerna i 3-4 minuter.

Efter 3-4 minuter, tillsätt kryddor, lagerblad och kokosnötaminos. Rör om och koka i 1-2 minuter till.

Medan grönsakerna kokar, skölj riset väl.

Tillsätt 1/2 kopp grönsaksbuljong och skrapa botten/sidan av grytan och ta bort eventuella bruna bitar från botten.

Tillsätt resten av buljongen, vattnet och riset i grytan. Rör om och täck. Vrid upp värmen till hög.

När Gumbo har kokat upp, sänk värmen till låg och koka i 15 minuter.

Medan Gumbo kokar, skölj och rinna av bönorna. Och lägg till dem i Gumbo.

Strax före servering tar du bort lagerbladen. Servera varm.

92. Bön- och risburritos

Portioner: 10 portioner

INGREDIENSER

1 burk Pintobönor

1 kopp långkornigt ris; kokta

½ kopp lök; fryst, hackad

½ kopp paprika; fryst, hackad

½ kopp majs; frysta

Chili pulver; rusa

Sallad, hackad

1 knippe salladslök; hackad

Kummin; rusa

Vitlökspulver; rusa

¾ kopp vatten

Salsa, oljefri, låg natriumhalt

10 tortillas, fullkornsvete

1 tomat; hackad

VÄGBESKRIVNING

Fräs den frysta löken och paprikan i några matskedar vatten i en stekpanna.

Låt rinna av och skölj bönorna och lägg dem i en stekpanna och mosa med en potatisstöt. Tillsätt det kokta riset, majsen, kryddorna och vattnet. Värm 5 till 10 minuter tills det mesta av vattnet absorberas, rör om då och då.

Värm tortillorna snabbt i en förvärmd stekpanna, en brödrost eller en mikrovågsugn.

Lägg en rad bönblandning i mitten av varje tortilla och tillsätt en tesked salsa och någon av de andra påläggen efter önskemål.

Vik upp ½ tum på varje sida, stoppa in den övre kanten och rulla till en burrito. Servera omedelbart, toppa med ytterligare salsa om så önskas.

93. Rice and Bean Roll-Ups

Portioner: 6

Preparationstid: 20 minuter

Tillagningstid: 55 minuter

INGREDIENSER

1 1/2 dl salsa

1 kopp kokt långkornigt ris

2 medelstora romska tomater, hackade

1 liten paprika, skuren i 1/2-tums bitar

1 burk pintobönor, odränerade

1 burk hel majskärna, avrunnen

6 mjöltortillas med smak av trädgårdsgrönsaker

1 kopp strimlad mexikansk ostblandning

VÄGBESKRIVNING

Värm ugnen till 350°F. Fördela 1/2 kopp av salsan i en osmord rektangulär ugnsform, 13x9x2 tum.

Blanda ris, tomater, paprika, bönor och majs. Fördela cirka 1 kopp risblandning på varje tortilla; rulla ihop tortillan. Lägg sömsidorna nedåt på salsan i ugnsformen. Skeda den återstående 1 koppen salsa över tortillas. Strö över ost.

Täck över och grädda i 30 till 35 minuter eller tills den är genomvärmd och osten smält.

För mer krydda, använd de nya tortillorna med jalapeño- eller koriandersmak som finns i snabbköpet.

94. Bakade Pinto Bean Flautas med rismjöl Tortilla

Förberedelsetid: 25 minuter

Tillagningstid: 15 minuter

Portioner: 25 flautas

INGREDIENSER

1/2 kopp rödlök

1/2 kopp vit lök

2 msk avokadoolja

1 stor paprika i tärningar

2 dl pintobönor

1,5 dl kikärter

1 burk pintobönor, avrunna och sköljda

1/4-1/2 kopp salsa verde

1 msk chilipulver

1 msk vitlökspulver

1 msk spiskummin

1/8 tsk cayennepeppar eller paprika

1/8 tsk oregano

salt att smaka

2-3 matskedar färsk hackad koriander

2-4 koppar av dina mexikanska favoritostar, strimlade

25-30 små rismjölstortillas

VÄGBESKRIVNING

Värm din ugn till 385 grader F.

Fräs löken i lite olja [2 matskedar] så att den blir mjuk.

Kombinera sedan paprika, bönor och salsa i en stor skål.

Tillsätt lök i blandningen och krydda med chilipulver, vitlökspulver, spiskummin, koriander, salt, cayenne och oregano.

Slå sedan in en liten bunt majstortillas [4-5] i en fuktig pappershandduk och mikrovågsugn på hög höjd i 30 sekunder. Följ upp det med ytterligare 30 sekunder.

När den har ångats, spraya eller gnugga ena sidan av tortillan med olja och lägg till ett tunt lager grönsaksfyllning vertikalt längs mitten av den motsatta [ooljade] av tortillan. Toppa den med ett lager ost [så mycket eller så lite du vill!] och rulla försiktigt tortillan.

Tips: dina ångade tortillas börjar naturligt rulla runt varandra i högen. Detta är en total fördel eftersom de naturligtvis vill rulla! När du packar upp dina tortillas från pappershandduken, olja in sidan som är vänd uppåt och lägg sedan fyllningen på sidan som rullar sig inåt. Altfiol!

Förslut varje flauta med två tandpetare och lägg på ett galler för bakning/kylning. Upprepa dessa steg tills du har ett ställ fullt med flautas.

Lägg dem på ett galler på en folieklädd plåt. Gallret höjer flautorna och gör att de blir snygga och krispiga på båda sidor.

Strö över den färdiga produkten med en skvätt vitlökspulver och cayennepeppar.

Grädda på mittersta gallret, i 385F, i cirka 15-18 minuter. I slutet, ställ in ugnen på HÖG i knappt en minut för att göra tortillorna knapriga till ett perfekt gyllene, knaprigt skal.

95. Enchiladas med ris och bönor med röd sås

Portioner: 12 portioner

INGREDIENSER

12 9-tums mjöltortillas; fettfri

FYLLNING

1 msk rapsolja

2 lökar; hackad

6 vitloksklyftor; mald

16 uns tomatsås

1 msk chilipulver

½ tesked röd paprikaflingor; krossad

2 tsk malen spiskummin

2 tsk salt

5 koppar kokt ris

3 pund kokta bönor

Vatten; efter behov

⅔ kopp Urkärnade svarta oliver; hackad

8 uns skarp cheddarost; riven

½ knippe hackade korianderblad

VÄGBESKRIVNING

Värm olja i en stor stekpanna eller kastrull med non-stick. Tillsätt lök och vitlök och koka tills det är mjukt. Tillsätt tomatsås, chilipulver, pepparflingor, spiskummin och salt. Koka långsamt, utan lock, i 15 minuter för att blanda smaker.

Tillsätt hälften av tomatblandningen till de kokta bönorna i skålen. Rör om för att blanda. Tillsätt det kokta riset till den återstående hälften av tomatblandningen.

Värm ugnen till 350F.

Olja en stor ugnsform lätt. Lägg ett tunt lager rödsås på botten av ugnsformen.

Dela fyllningen på 12 sätt, lägg kryddade bönor, kryddat ris, hackade oliver, ost och koriander på varje tortilla.

Rulla tätt och lägg, sy ihop, i ett enda lager i en ugnsform.

Toppa med resterande rödsås. Täck med bakplåtspapper eller vaxpapper och toppa tätt med folie. Grädda i förvärmd ugn i 60 minuter. Ta bort folie och papper, strö över 2 oz. av reserverad ost och grädda ytterligare 15 minuter.

Servera med färsk grön salsa.

96. Ris och bönor Quesadillas

Total tid: 20 minuter

Portioner: 4-6

INGREDIENSER

1 tsk olivolja-

1 kopp kokt långkornigt ris

15-ounce burk pintobönor, avrunna och sköljda

1 tsk spiskummin

1 tsk paprika

3/4 tsk vitlökspulver

1/2 tsk lökpulver

4-6 tortillas

Sharp Cheddar Strimlad ost

VÄGBESKRIVNING

Hetta upp en stor panna på medelvärme och tillsätt olivolja, ris, bönor och kryddor. Koka tills den är genomvärmd, ca 3 minuter.

Lägg din tortilla på en skärbräda och strö över ena halvan med en liten näve ost 1/4 - 1/3 kopp och toppa sedan med lika mycket ris och bönblandning.

Vik över tortillan och lägg i en lätt smord form. Koka quesadilla tills osten smält och varje sida av tortillan är gyllenbrun, vänd en gång.

Låt quesadillas svalna i några minuter innan du skär upp dem.

97. Peruansk Tacu Tacu-kaka

Total tid: 35 minuter

PORTIONER: 2-4 portioner

INGREDIENSER

FÖR SALSA CRIOLLA

1/2 liten rödlök, tunt skivad

2 msk hackade färska korianderblad

2 msk färsk limejuice

1/4 tsk aji Amarillo-pasta

1/4 tsk kosher salt

FÖR TACU TACU

3 matskedar druvkärne- eller safflorolja

1/2 liten rödlök, hackad

2 vitlöksklyftor, hackade

1/2 tsk kosher salt, plus mer efter smak

1 tsk aji Amarillo-pasta

2 koppar kokta eller konserverade pintobönor, avrunna och sköljda

1 kopp kallt kokt långkornigt vitt ris

1 msk hackad färsk plattbladig bladpersilja

1 msk hackad färsk oregano

1 lime, skuren i klyftor

VÄGBESKRIVNING

Gör salsan: I en medelstor skål, kombinera löken med tillräckligt med kallt vatten för att täcka och låt sitta i minst 10 minuter, låt sedan rinna av. Blanda med koriander, limejuice, aji Amarillo och sal

Gör tacu tacu:

I en 10-tums nonstick-panna över medelhög värme, värm 1 matsked av oljan tills skimrande. Rör ner löken och vitlöken och koka, rör om, tills den är lätt brynt, 5 till 6 minuter. Rör ner salt och aji Amarillo och skrapa ner blandningen i skålen på en matberedare. Torka av stekpannan.

Tillsätt 1 kopp av bönorna i matberedaren och puré kort tills de är slät men fortfarande tjock. Skrapa blandningen i en stor skål.

Tillsätt de återstående 1 kopp bönorna, riset, persiljan och oregano i skålen och rör om för att blandas ordentligt. Smaka av och tillsätt mer salt om det behövs.

Återställ stekpannan till medelvärme och häll i ytterligare 1 msk olja. Tillsätt ris- och bönorblandningen och använd en spatel för att fördela den jämnt och packa ner den lätt.

Koka tills de är djupt bruna på botten, ca 7 minuter. Ta bort från värmen, vänd upp en tallrik ovanpå stekpannan och vänd försiktigt båda för att landa bön- och riskakan med bottensidan uppåt på plattan.

Sätt tillbaka stekpannan på medelvärme, häll i den återstående 1 msk olja och skjut tillbaka kakan i stekpannan.

Koka i ytterligare 7 minuter, eller tills den är djupt brynt på andra sidan, vänd sedan på plattan och vänd på stekpannan igen så att kakan hamnar på plattan.

Toppa med salsan och servera varm med limeklyftor.

98. Alkaliska gryta ärtor med klimpar

Total tid: 40 minuter

Portioner: 4

INGREDIENSER

1 kopp torkade pintobönor, blötlagda över natten
1 lök, stor
1 morot, stor
3 vitlöksklyftor
1 stjälk salladslök
1 tsk timjan
½ tsk kryddpeppar, mald
1 msk universalkrydda
salt och peppar efter smak
1 skotsk bonnetpeppar, hel
1 dl kokosmjölk
1 msk olja

KNIMLAR

1½ matskedar. vitt rismjöl
1½ matskedar. bovetemjöl
1 msk potatisstärkelse
½ msk tapiokamjöl
1 msk mandelmjöl
¼ tesked salt
2 matskedar. vatten

VÄGBESKRIVNING

Häll av blötlagda bönor och lägg dem i en tryckkokare. Täck med färskt vatten, ungefär en tum ovanför bönorna. Täck över och koka i cirka 20 till 25 minuter.

Hacka under tiden löken, vitlöken, moroten och salladslöken och lägg dem sedan i en skål.

I en annan skål, kombinera alla torra ingredienser för att göra dumplings. Tillsätt gradvis vatten, blanda efter varje hällning, tills en fast deg börjar bildas.

Dela degen i cirka 8 till 10 mindre bitar. Rulla varje bit mellan handflatorna i form av 3-tums långa rep eller ungefär lika stort som ditt pinkfinger. Lägg dumplings åt sidan på en tallrik.

När bönorna är kokta, låt tryckkokaren släppa trycket innan den öppnas. Du kan köra grytan under kallt kranvatten för att hjälpa till.

Ta av locket och tillsätt hackade kryddor och resterande kryddor.

Tillsätt kokosmjölken och dumplings och låt sjuda på låg värme i 10 minuter.

Tillsätt dumplings och koka sedan i ytterligare 5 minuter tills dumplings är helt genomstekt. Om grytan är för tjock, tillsätt mer vatten efter behov.

Avlägsna från värme. Servera med ris och ångade grönsaker eller avokado.

99. Okra Curry

INGREDIENSER

250g okra (ladies finger) – skär i bitar på en cm
2 msk riven ingefära
1 msk senapsfrön
1/2 msk spiskumminfrön
2 matskedar olja
Salt att smaka
Nyp asafetida
2-3 msk rostat jordnötspulver
Korianderlöv

VÄGBESKRIVNING

Hetta upp oljan och tillsätt senapsfröna. När de poppar tillsätt spiskummin, asafetida och ingefära. Koka i 30 sekunder.
Tillsätt okra och salt och rör om tills det är kokt. Tillsätt jordnötspulvret, koka i ytterligare 30 sekunder.
Servera med korianderblad.

100. Vegetabilisk kokos curry

INGREDIENSER

2 medelstora potatisar, skurna i tärningar
1 1/2 dl blomkål - skär i buketter
3 tomater r hackade i stora bitar
1 matsked olja
1 msk senapsfrön
1 msk spiskummin
5-6 curryblad
Nyp gurkmeja - valfritt
1 msk riven ingefära
Färska korianderblad
Salt att smaka
Färsk eller torkad kokos - strimlad

VÄGBESKRIVNING

Hetta upp oljan och tillsätt sedan senapsfröna. När de poppar tillsätt de återstående kryddorna och koka i 30 sekunder. Tillsätt blomkålen, tomaten och potatisen plus lite vatten, täck över och låt sjuda, rör om då och då tills det är kokt. Det bör finnas lite vätska kvar. Vill du ha en torr curry så stek några minuter tills vattnet har avdunstat.
Tillsätt kokos, salt och korianderblad.

●

SLUTSATS

I New Orleans tidiga dagar serverades en gumbo troligen som den första rätten i en måltid. Idag, med tanke på våra snabba liv, brukar en gumbo räknas som entrén på hemmaborden. Restauranger är mer benägna att följa den gamla skolans stil med gumbo som förrätt.

Under slavhandelns era introducerades okra till New Orleans av afrikaner, som, enligt de flesta livsmedelsexperter, förde växten till södra plantager via Karibien. Den kallades gombo eller kingombo på bantuspråk och var antingen kokt, stekt, ångad eller inlagd och serverades som både förtjockningsmedel och en smakrik ingrediens som passar bra med skaldjur i gumbos.

Idag går innebörden av "gumbo" utöver det kulinariska. Nästan vilken blandning som helst kan kallas en gumbo – en politisk gumbo, en hundras, ett modevur. Det är ett populärt namn för djur; en i synnerhet var en St. Bernard och maskot från New Orleans Saints under dess tidiga år.

Av alla rätter som serveras i smältdegeln, eller gumbo, det vill säga södra Louisiana, har denna skarpa, enkärlsrätt blivit synonym med territoriet. Säg "New Orleans" och vi tänker "mat" eller så tänker vi "gumbo".

www.ingramcontent.com/pod-product-compliance
Lightning Source LLC
Chambersburg PA
CBHW070503120526
44590CB00013B/734